L. K. Canales, R. K. Lytle

Körperliche Aktivierung von Kindern mit schweren Beeinträchtigungen

Therapieren – spielen – fördern

Lindsay K. Canales, MA
Rebecca K. Lytle, PhD

Körperliche Aktivierung von Kindern mit schweren Beeinträchtigungen

Therapieren – spielen – fördern

1. Auflage

Übersetzt von: Markus Vieten, Aachen

ELSEVIER
URBAN & FISCHER

URBAN & FISCHER München

Zuschriften an:
Elsevier GmbH, Urban & Fischer Verlag, Rainer Simader, Hackerbrücke 6, 80335 München
E-Mail r.simader@elsevier.com

Titel der Originalausgabe
Physical Activities for Young People With Severe Disabilities. By Lindsay K. Canales and Rebecca K Lytle.
Human Kinetics 2011. ISBN 978-0-7360-9597-6
Copyright © 2011 Lindsay K. Canales und Rebecca K. Lytle

Wichtiger Hinweis für den Benutzer
Die Erkenntnisse in der Physiotherapie und Medizin unterliegen laufendem Wandel durch Forschung und klinische Erfahrungen. Herausgeber und Autoren dieses Werkes haben große Sorgfalt darauf verwendet, dass die in diesem Werk gemachten therapeutischen Angaben (insbesondere hinsichtlich Indikation, Dosierung und unerwünschter Wirkungen) dem derzeitigen Wissensstand entsprechen. Das entbindet den Nutzer dieses Werkes aber nicht von der Verpflichtung, anhand weiterer schriftlicher Informationsquellen zu überprüfen, ob die dort gemachten Angaben von denen in diesem Werk abweichen und seine Verordnung in eigener Verantwortung zu treffen.
Für die Vollständigkeit und Auswahl der aufgeführten Medikamente übernimmt der Verlag keine Gewähr.
Geschützte Warennamen (Warenzeichen) werden in der Regel besonders kenntlich gemacht (®). Aus dem Fehlen eines solchen Hinweises kann jedoch nicht automatisch geschlossen werden, dass es sich um einen freien Warennamen handelt. Hinweise zu Diagnose und Therapie können sich von den in Deutschland üblichen Standards unterscheiden. Achtung: Die bei den genannten Arzneimitteln angegebenen Dosierungen und Anwendungshinweise können von der deutschen Zulassung abweichen.

Bibliografische Information der Deutschen Nationalbibliothek
Die Deutsche Nationalbibliothek verzeichnet diese Publikation in der Deutschen Nationalbibliografie; detaillierte bibliografische Daten sind im Internet über http://www.d-nb.de/ abrufbar.

Alle Rechte vorbehalten
1. Auflage 2012
© Elsevier GmbH, München
Der Urban & Fischer Verlag ist ein Imprint der Elsevier GmbH.

12 13 14 15 16   5 4 3 2 1

Für Copyright in Bezug auf das verwendete Bildmaterial siehe Abbildungsnachweis

Um den Textfluss nicht zu stören, wurde bei Patienten und Berufsbezeichnungen die grammatikalisch maskuline Form gewählt. Selbstverständlich sind in diesen Fällen immer Frauen und Männer gemeint.

Planung: Rainer Simader
Lektorat: Alexander Gattnarzik
Redaktion: Willi Haas, München
Herstellung: Ulrike Schmidt
Satz: abavo GmbH, Buchloe/Deutschland; TnQ, Chennai/Indien
Druck und Bindung: Dimograf, Bielsko-Biała, Polen
Umschlaggestaltung: SpieszDesign, Neu-Ulm
Titelfotografie: iStockphoto

ISBN Print 978-3-437-45081-5

Aktuelle Informationen finden Sie im Internet unter **www.elsevier.de** und **www.elsevier.com**.

Danksagung

Wir möchten uns zu allererst bei den Kindern und Familien bedanken, von denen wir in den vergangenen Jahren so vieles gelernt haben. Außerdem bedanken wir uns bei der Mesa Vista School sowie bei allen Lehrern und Kindern, die dabei geholfen haben, dieses Buch zustande zu bringen. Schließlich bedanken wir uns beim Northern California Adap-ted Physical Education Consortium of Teachers für alle Ideen und Aktivitäten, die im Laufe der Jahre gemeinschaftlich entwickelt wurden und einen bedeutenden Teil des Inhalts dieses Buches ausmachen.

Gewidmet sei dieses Buch in liebevollem Andenken Jesse Kohen, dessen Energie und Begeisterungsfähigkeit so viele Kinder berührt hat.

Inhaltsverzeichnis

Benutzerhinweise

Abbildungsnachweis

Photographer	Bruce King/©Human Kinetics
Photo Asset Manager	Laura Fitch
Visual Production Assistant	Joyce Brumfield
Photo Production Manager	Jason Allen
Art Manager	Kelly Hender
Associate Art Manager	Alan L. Wilborn

Übungswegweiser

Titel der Übung	Primärer Trainingsbereich	Weiterer Trainingsbereich	Materialien	Seite
Blasenjagd	Gleichgewichts- und Beweglichkeitsübungen	Körperteilerkennung, Augen-Hand-Koordination	Seifenblasen, Seifenblasenmaschine (optional)	6
Büchsenwerfen	Augen-Hand- und Augen-Fuß-Koordination	Werfen, Rollen; Zielen, Kraft, Präzision	Sandsäckchen*, leere Dosen oder Flaschen	64
Drei gewinnt	Augen-Hand- und Augen-Fuß-Koordination	Werfen; Zielen, Kraft, Präzision	Sandsäckchen, Hula-Hoop-Reifen	72
Gruppen-Basketball	Orientierung im Raum	Zuspielen, Zusammenspiel, kardiorespiratorische Ausdauer	Basketball*, Hula-Hoop-Reifen*, Kegel*	104
Hühnerdieb!	Orientierung im Raum	Jagen, Wegrennen, Ausweichen; kardiorespiratorische Ausdauer	Gummihühner*, bunte Matten	98
Husch ins Körbchen	Orientierung im Raum	Greifen und Loslassen	Wollknäuel*, Kegel*, Hula-Hoop-Reifen	88
Immer im Takt bleiben	Orientierung im Raum	Kreative Bewegungen, Rhythmus und Takt, Bedeutung von Präpositionen	Trommelschlägel*, Musikinstrumente, Musik, Abspielgerät	94
In der Spur	Gleichgewichts- und Beweglichkeitsübungen	Augen-Fuß-Koordination, Präzision	Straßenkreide*	14
Kletterwand	Gleichgewichts- und Beweglichkeitsübungen	Augen-Hand-Koordination	In verschiedene Formen und Größen zurechtgeschnittenes buntes Bastelpapier mit verschiedenen Oberflächen, Klebeband	8
Knallfolientanz	Orientierung im Raum	Kreative Bewegungen, Rhythmus und Taktgefühl	Knallfolie, Musik oder Schlaginstrument	84
Körperkegeln	Gleichgewichts- und Beweglichkeitsübungen	Treffen	Kegel*, Matratze	4
Kreisfußball	Augen-Hand- und Augen-Fuß-Koordination	Fußball spielen, Zielen, Kraft, Präzision	Großer Ball, Stühle	58
Kreiskegeln	Augen-Hand- und Augen-Fuß-Koordination	Rollen; Zielen, Kraft, Präzision	Kegel*, großer Ball	56
Murmelbahn	Augen-Hand- und Augen-Fuß-Koordination	Zusammenarbeit	Papprohr*, Murmeln*	60
Laserlabyrinth	Muskelkraft und kardiorespiratorische Ausdauer	Kopfkontrolle, Verfolgung mit den Augen	Laserpointer, Stirnband, farbiges Klebeband, leere Wand	28

Titel der Übung	Primärer Trainings-bereich	Weiterer Trainings-bereich	Materialien	Seite
Luftikus	Muskelkraft und kardiorespiratorische Ausdauer	Bedeutung von Präpositionen, Teamarbeit	Schwungtuch, Wollknäuel*	34
Mattenparcours	Muskelkraft und kardiorespiratorische Ausdauer	Orientierung im Raum	Bunte Matten, Stoppuhr (optional)	38
Mini-Baseball	Muskelkraft und kardiorespiratorische Ausdauer	Augen-Hand-Koordination, Treffen, Orientierung im Raum	Großer Kegel*, großer Wiffle-Ball, Hula-Hoop-Reifen, bunte Matten, Schläger*	30
Mir nach!	Orientierung im Raum	Bewegungsmuster, Bedeutung von Präpositionen	Klebeband oder Straßenkreide*, Kegel*	90
Nicht in meinem Garten!	Muskelkraft und kardiorespiratorische Ausdauer	Augen-Hand-Koordination, Werfen (Zielen, Kraft, Präzision), Treffen	Wollknäuel*, Kreppband oder Straßenkreide	32
Platz da!	Augen-Hand- und Augen-Fuß-Koordination	Rollen; Zielen, Kraft, Präzision	Wasserbälle, Klebeband, kleine Bälle, „Kegelbahn" (optional)	66
Powerfußball	Muskelkraft und kardiorespiratorische Ausdauer	Augen-Fuß-Koordination, Orientierung im Raum	Großer Therapieball, Kegel oder Netze	40
Puste-Fußball	Muskelkraft und kardiorespiratorische Ausdauer	Verfolgung mit den Augen	Tischtennisball, Strohhalm (optional), Kartonpappe*, Tisch	36
Raketenballon	Muskelkraft und kardiorespiratorische Ausdauer	Kreative Bewegungen, lokomotorische Fertigkeiten, Orientierung im Raum	Ballon-Luftpumpe, Raketenballons	24
Röhrenboccia	Augen-Hand- und Augen-Fuß-Koordination	Fassen und Loslassen; Zielen, Kraft, Präzision	Murmeln*, mittelgroßer Ball*, Papprohr*	68
Rollstuhl-Duell	Augen-Hand- und Augen-Fuß-Koordination	Treffen, Orientierung im Raum	Schwimmnudeln, Kegel, mittelgroßer Ball	70
Sandsäckchen-Shuffleboard	Augen-Hand- und Augen-Fuß-Koordination	Zielen, Kraft, Präzision	Sandsäckchen, Tisch, Klebeband	54
Sandsäckchenübung	Gleichgewichts- und Beweglichkeitsübungen	Bedeutung von Präpositionen, Identifizierung des Körperteils	Sandsäckchen	2
Schlag den Ballon!	Augen-Hand- und Augen-Fuß-Koordination	Treffen, einen Ball mit den Augen verfolgen	Großer Ballon, Fäden	50
Schleiertanz	Orientierung im Raum	Kreative Bewegungen; Rhythmus und Takt	Tücher oder Bänder an Stäben*, Musik, Abspielgerät	96
Schleuderballgolf	Augen-Hand- und Augen-Fuß-Koordination	Werfen, Zielen, Kraft, Präzision	Fuchsschwanz*, Körbe*, Kegel	62
Schuss in den Ofen	Gleichgewichts- und Beweglichkeitsübungen	Augen-Hand- und Augen-Fuß-Koordination	Großer Therapieball	16
Schwimmnudeljagd	Orientierung im Raum	Jagen, Wegrennen, Ausweichen; kardiorespiratorische Ausdauer	Schwimmnudeln	92

Titel der Übung	Primärer Trainings-bereich	Weiterer Trainings-bereich	Materialien	Seite
Seilball	Augen-Hand- und Augen-Fuß-Koordination	Die mittlere Körperachse passieren	Wiffle-Ball, Schnur	78
Sitzen und ziehen	Gleichgewichts- und Beweglichkeitsübungen	Muskelkraft, kardiorespiratorische Ausdauer	6 m langes Seil, Haken, Rollbrett (optional)	18
Sitz-Volleyball	Gleichgewichts- und Beweglichkeitsübungen	Augen-Hand-Koordination, Treffen	Wasserball*, etwa 3,5 m langes Seil; zwei Stühle, bunte Matten	20
Start und Stopp	Orientierung im Raum	Kardiorespiratorische Ausdauer, Bedeutung von Präpositionen	Start-und-Stopp-Signal*	100
Stehaufkegel	Orientierung im Raum	Jagen, Wegrennen, Ausweichen; Bewegungsmuster	Kegel*, Schwimmnudeln	86
Straßenverkehr	Orientierung im Raum	Kardiorespiratorische Ausdauer, Bewegungskonzepte	Schilder für „schnell", „mittel", „langsam" und „Stopp" *; Musik*	106
Swing-Bowling	Augen-Hand- und Augen-Fuß-Koordination	Zielen, Kraft, Präzision	6 m langes Seil; Fußball; Kissenbezug, Kegel, Haken	80
Teller-Aerobic	Gleichgewichts- und Beweglichkeitsübungen	Muskelkraft, kardiorespiratorische Ausdauer	Pappteller	12
Tischkegeln	Augen-Hand- und Augen-Fuß-Koordination	Zielen, Kraft, Präzision	Sandsäckchen, Tisch, Wasserflaschen	46
Treibball	Augen-Hand- und Augen-Fuß-Koordination	Treffen, kardiorespiratorische Ausdauer	Großer Therapieball, Schwimmnudeln, Klebeband	48
Tücher jagen	Orientierung im Raum	Jagen, Wegrennen, Ausweichen; kardiorespiratorische Ausdauer	Band*	102
Vorsicht Seifenblasen!	Muskelkraft und kardiorespiratorische Ausdauer	Jagen, Wegrennen, Ausweichen, Orientierung im Raum, Verfolgung mit den Augen	Seifenblasen, Seifenblasenmaschine (optional)	26
Wasserballgolf	Augen-Hand- und Augen-Fuß-Koordination	Treffen, Zielen, Kraft, Präzision	Schwimmnudel, Wasserball, Hula-Hoop-Reifen	52
Widerstandsübungen mit dem Thera-Band	Muskelkraft und kardiorespiratorische Ausdauer	Beweglichkeit	Thera-Bänder oder Tubing	42
Wollboccia	Augen-Hand- und Augen-Fuß-Koordination	Werfen, Rollen; Zielen, Kraft, Präzision	Wollknäuel, Sandsäckchen	74
Zeltstangenspringen	Gleichgewichts- und Beweglichkeitsübungen	Koordination, Muskelkraft	Zusammenlegbare Zeltstange	10
Zielsprühen	Augen-Hand- und Augen-Fuß-Koordination	Fassen und Loslassen; Zielen, Kraft, Präzision	Sprühflasche, Tischtennisball, Wasserflasche*	76

* Alternativen zu den angegebenen Materialien sind im Übungsschema beschrieben.

Einleitung

Dieses Buch wurde für alle therapeutischen und pädagogischen Berufsgruppen geschrieben, die Kindern und Jugendlichen mit schweren Behinderungen im Alter von 11 bis 17 Jahren körperliche Aktivitäten anbieten wollen. Zu solchen Behinderungen gehören etwa die infantile Zerebralparese, die Spina bifida und andere Beeinträchtigungen des Bewegungsapparates, welche die körperliche Funktionsfähigkeit insgesamt beeinträchtigen. Diese Kinder können nicht am normalen Sportunterricht Gleichaltriger teilnehmen oder benötigen dazu zusätzliche Unterstützung oder Hilfsmittel.

Wir hatten bei der Erstellung des Textes stets die Bedürfnisse von Pädagogen und Therapeuten im Blick. Dennoch eignet sich dieses Buch auch für eine Reihe anderer Berufe wie Sonderschullehrer, Freizeitpädagogen, Sportlehrer und andere Personen, die sich mit der Planung und Umsetzung von Trainingsprogrammen für schwer behinderte Kinder und Jugendliche beschäftigen.

In dem Buch werden 50 Aktivitäten vorgestellt, die sofort mit den behinderten Kindern und Jugendlichen umgesetzt werden können. Sie sind leicht vorzubereiten und durchzuführen, und es kommen nur in der Regel sowieso vorhandene Materialien zum Einsatz. Die Reihenfolge ihrer Darstellung entspricht der Entwicklung der motorischen Fähigkeiten, sodass Sie die für Ihre Kinder geeignetsten Übungen leicht auffinden können. Statt sich an eine bestimmte Reihenfolge zu halten, ist es sinnvoller, Übungen auszuwählen, die sich an den individuellen Bedürfnissen der Kinder orientieren oder die ein bestimmtes schulisches oder grobmotorisches Ziel des individualisierten Erziehungsprogramms (IEP) verfolgen.

Obwohl die in diesem Buch vorgestellten Übungen auf ihre körperliche Wirkung ausgerichtet sind, vermögen alle auch das psychische Wohlbefinden der Kinder zu steigern. Durch das Training kann bei den Kindern eine Zunahme von positiven Verhaltensweisen, Selbstachtung, Selbstvertrauen und der Bereitschaft, mit der Außenwelt zu interagieren, erwartet werden.

Die vorgestellten Übungen sind in Amerika für Kinder und Jugendliche der Klassen 6 bis 12 (Alter 11 bis 17 Jahre) im öffentlichen Sonderschulsystem konzipiert worden. Es ist dort im IDEA (Individuals with Disability Education Act, Public Law 108–466, 2004) gesetzlich geregelt, dass Sportunterricht ein notwendiges Angebot für Kinder und Jugendliche zwischen 0 und 22 Jahren darstellt, die aufgrund einer spezifischen Behinderung oder Entwicklungsverzögerung Anspruch auf spezielle Förderleistungen haben.

Da die Sportprogramme sich auf angemessene inhaltliche Standards stützen sollten, lehnen sich die hier beschriebenen Übungen an die in Amerika üblichen NASPE-Standards an (National Association for Sport and Physical Education). Dabei handelt es sich um eine professionelle Organisation, die Standards und Richtlinien für die Durchführung von Trainings- und Sportprogrammen aufstellt. Ihre Liste von Standards reicht vom Kindergarten bis zur 12. Klasse und definiert, „was das Kind als Ergebnis eines hochwertigen Sportunterrichts wissen und umsetzen können sollte" (NASPE 2004, S. 9). Danach sollte eine körperlich trainierte Person folgende Standards erfüllen können:

- **Standard 1:** Das Kind beherrscht motorische Fertigkeiten und Bewegungsmuster, die für die Durchführung zahlreicher körperlicher Aktivitäten erforderlich sind.
- **Standard 2:** Das Kind zeigt Einsicht in Bewegungskonzepte und Prinzipien sowie strategisches und taktisches Verständnis beim Erlernen und Ausüben sportlicher Übungen.
- **Standard 3:** Das Kind nimmt regelmäßig an sportlichen Aktivitäten teil.
- **Standard 4:** Das Kind erreicht und behält ein gesundheitsförderliches Niveau an körperlicher Fitness.

- **Standard 5:** Das Kind zeigt ein persönlich und sozial verantwortungsvolles Verhalten, indem er sich selbst und andere innerhalb des sportlichen Rahmens respektiert.
- **Standard 6:** Das Kind schätzt den Sport im Hinblick auf Gesundheit, Freude, Herausforderung, Selbstentfaltung und/oder soziale Interaktion (NASPE 2004, S. 11).

Die NASPE-Standards bieten auch Richtlinien für qualitativ hochwertige sportliche Unterrichtsprogramme. Darin wird gefordert, dass ein Kind die Möglichkeit haben sollte, „mindestens 150 Minuten wöchentlich (in der Grundschule) und 225 Minuten wöchentlich (in der Sekundarstufe I und II) am Sportunterricht teilzunehmen (NASPE 2004, S. 5)". Da die Übungen in diesem Buch für die Anwendung in öffentlichen Schulen gedacht sind, wurden die NASPE-Richtlinien und -Standards berücksichtigt.

Ordnung der Aktivitäten

Die beschriebenen Übungen erhalten oder verbessern die Muskelkraft, die kardiorespiratorische Ausdauer und die Beweglichkeit. Sie können auch zu positiven Erfahrungen führen, welche die Selbstachtung, das Selbstwertgefühl, das Selbstvertrauen und das allgemeine psychische Befinden verbessern. Wir haben sie in 4 Trainingsbereiche eingeteilt: Gleichgewicht und Beweglichkeit, Muskelkraft und kardiorespiratorische Ausdauer, Augen-Hand- und Augen-Fuß-Koordination sowie Orientierung im Raum:

- **Gleichgewicht und Beweglichkeit:** Die in Kapitel 1 beschriebenen 10 Übungen konzentrieren sich auf eine Verbesserung oder Beibehaltung von Gleichgewicht und Beweglichkeit. Dazu gehören die Streckung der oberen und unteren Extremitäten zum Erreichen eines Objekts, die Beibehaltung einer gedehnten Position oder Körperhaltung über einen längeren Zeitraum oder das Balancieren eines Objekts auf einem vorgegebenen Körperteil.
- **Muskelkraft und kardiorespiratorische Ausdauer:** Die in Kapitel 2 beschriebenen 10 Übungen richten sich auf die allgemeine Kraft des Körpers und die kardiorespiratorische Ausdauer. Dazu gehören konstante Körperbewegungen wie Gehen, Laufen, das Vorantreiben eines Rollstuhls und die kontinuierliche Bewegung der oberen und unteren Extremitäten. Widerstandsübungen mit Hilfsmitteln wie einem Therapieband oder dem eigenen Körpergewicht sowie Aktivitäten, bei denen eine Bewegung über einen bestimmten Zeitraum aufrecht erhalten wird, können die Muskelkraft und die kardiorespiratorische Ausdauer erhalten oder steigern.
- **Augen-Hand- und Augen-Fuß-Koordination:** Die 18 Übungen in diesem Kapitel widmen sich dem Zusammenspiel von Augen und Hand bzw. Augen und Fuß. Dabei geht es darum, ein Objekt mit den Augen zu verfolgen, um es dann in vorgegebener Weise mit der Hand oder mit dem Fuß zu berühren. Fertigkeiten, welche die Augen-Hand- und Augen-Fuß-Koordination ansprechen, sind das Treffen eines Objekts z. B. mit einem Schläger oder Stock, das Treten eines Balls sowie das Werfen eines Balls auf ein Ziel. Werden diese Übungen auf ein bestimmtes Ziel gerichtet ausgeführt, müssen die Kinder zielen sowie die richtige Kraft und die nötige Präzision aufbringen. Oft können Kinder, die ihre Hände nicht einzusetzen vermögen, stattdessen ihre Füße benutzen. So kann z. B. ein Kind mit infantiler Zerebralparese ein Objekt vielleicht besser mit dem Fuß als mit der Hand bewegen. Viele der in diesem Kapitel beschriebenen Aktivitäten lassen sich in Abhängigkeit von den Fähigkeiten der Kinder und dem Unterrichtsziel wahlweise mit Händen oder Füßen ausführen.
- **Orientierung im Raum:** Bei den 12 Übungen dieses Kapitels geht es um die sichere Bewegung innerhalb vorgegebener Grenzen, ohne dabei mit anderen zusammenzustoßen. Bei vielen Übungen können sich die Kinder frei bewegen, während sie spezifische Bewegungsaufgaben oder Kommandos ausführen (z. B. anhalten, gehen, herunter, umher, herauf). Bei anderen Übungen geht es um Jagen, Wegrennen und Ausweichen. Diese Bewegungsfertigkeiten werden oft bei mannschaftlichen Fang- und Abschlagspielen eingesetzt, bei denen eine Person entweder eine andere abschlagen muss oder verhindern soll, selbst abgeschlagen zu werden.

Jede Übung in diesem Buch wird nach folgendem Muster unterteilt:

- **Titel:** Der Titel gibt der Übung einen lustigen oder kreativen Namen und beschreibt nicht unbedingt ihr Ziel oder ihren Zweck.
- **Primärer Trainingsbereich:** Hier wird aufgeführt, welchen Trainingsbereich die Übung in erster Linie anspricht. Wie erwähnt, gliedern sich die Übungen in 4 Bereiche: Gleichgewicht und Beweglichkeit, Muskelkraft und kardiorespiratorische Ausdauer, Augen-Hand- und Augen-Fuß-Koordination sowie Orientierung im Raum.
- **Weiterer Trainingsbereich:** Viele Übungen decken gleichzeitig mehrere Aufgabenbereiche oder Bewegungskonzepte ab, die hier aufgeführt sind. Dazu gehören Fertigkeiten wie etwa einen Ball schlagen, treten, werfen, fangen, rollen oder das Jagen, Weglaufen und Ausweichen. Die Bewegungskonzepte umfassen den Einsatz kreativer Bewegungsmuster, das Verständnis von Kommandos oder Signalen sowie das Zielen, den richtigen Kraftaufwand und die nötige Präzision bei der Durchführung.
- **Ziel der Übung:** Hier erhalten Sie einen Überblick über das allgemeine Ziel der Übung. Es wird beschrieben, welche Aufgabe während der Durchführung erfüllt wird und was die Kinder am Ende gelernt haben.
- **Materialien:** Unter diesem Oberbegriff werden die für die Durchführung erforderlichen Utensilien aufgezählt. Spezielle Mengenangaben werden nicht gemacht, weil dies von der Anzahl der Kinder, ihrem Fertigkeitsniveau und dem Raum, in dem sie trainieren, abhängt. Weil es wichtig ist, jedes Kind teilhaben zu lassen, sollte wenigstens ein Gegenstand pro Kind verfügbar sein, sofern die Kinder nicht paarweise oder in kleinen Gruppen üben. Ebenso ist es sinnvoll, Alternativen bereitzuhalten, um sich auf unterschiedliche Schwierigkeitsgrade einzustellen und somit den Erfolg der Kinder maximieren zu können (z. B. Bälle, Wasserbälle und Jonglierbälle zum Fangen). Aufgabe des Pädagogen/Therapeuten ist es, das im Hinblick auf die individuellen Möglichkeiten des Kindes jeweils geeignetste Instrument auszuwählen.
- **Vorbereitung:** Hier können Sie nachlesen, welche Vorbereitungen erforderlich sind, etwa das Herrichten des Raums oder des Spielfelds oder die Organisation der Übungen.
- **Durchführung:** Dieser Abschnitt beschreibt die Übung vom Anfang bis zum Ende. Er umfasst genaue Richtungsangaben und weitere Instruktionen, die für die Ausübung erforderlich sind.
- **Einfache Variante:** Jede Übung, die in der Schritt-für-Schritt-Anleitung unter Durchführung vorgestellt wird, kann für manche Jugendliche ungeeignet sein. In diesem Abschnitt werden Vorschläge zur Anpassung an das Niveau von schwerstbehinderten Kindern gemacht, die mit diesen Modifikationen trotzdem erfolgreich sein können.
- **Schwierige Variante:** Andere Übungen sind für bestimmte Kinder hingegen vielleicht zu einfach. Hier finden Sie Vorschläge zur Anpassung an ein höheres Funktionsniveau, wodurch die Übungen ein anspruchsvolleres Level erreichen.
- **Informelle Beurteilungsfragen:** Die Beurteilung ist ein wichtiges Instrument, um sicherzustellen, dass die Kinder erfolgreich waren und die Übung sowie ihre Durchführung verstanden haben. Im Allgemeinen sollte diese Beurteilung vor, während und nach der Durchführung eines Trainingsprogramms erfolgen. Dies hilft dabei, wichtige Fragen zum Erfolg der Kinder zu beantworten. Nachfolgend sind einige Beispiele für Fragen aufgezählt, die Sie sich stellen sollten:
  - Was sind die aktuellen Fähigkeiten des Kindes?
  - Welche Art von Übungen ist für dieses Kind geeignet?
  - Welche Fertigkeiten und Fähigkeiten sollen bei diesem Kind beurteilt werden?
  - Wie gut passt das Programm zu den Bedürfnissen des Kindes?
  - Profitiert das Kind von der Teilnahme an diesem Programm?
  - Können die Anweisungen für dieses Kind verbessert werden?
  - Welche Fertigkeiten und Fähigkeiten hat das Kind sich durch die Durchführung dieses Programms aneignen können?
  - Wie hat sich die Lebensqualität des Kindes verbessert (Kasser und Lytle 2005).

Es gibt zahlreiche Strategien und Werkzeuge für eine sowohl formelle als auch informelle Beurteilung der Kinder. Formelle Beurteilungsinstrumente sind im Allgemeinen standardisierte Tests mit sehr spezifischen Anleitungen. Informelle Beurteilungen sind weniger spezifisch und umfassen Beobachtungen, Beurteilungsskalen, Fragebögen oder Wiederholungsfragen, die das Verständnis des Kindes prüfen. Für die Arbeit mit schwer behinderten Jugendlichen sind alternative Beurteilungen, die etwa den täglichen Fortschritt festhalten, geeigneter als formelle Beurteilungen.

Die Beurteilungsfragen in diesem Buch ermöglichen eine kurze Evaluation, die Ihnen zeigt, ob die Kinder das Ziel oder das Thema der Übung verstanden haben. Sie eignen sich jedoch nicht für eine Gesamtbeurteilung der Leistung der Jugendlichen. Hierzu ist eine weiter reichende Beurteilung durch einen Spezialisten erforderlich, um einen vollständigen Überblick über die allgemeinen grobmotorischen Möglichkeiten der Kinder zu bieten.

Sicherheitsaspekte

Bei Menschen mit Behinderungen sind in der Regel besondere Sicherheitsmaßnahmen zum Schutz der Gesundheit erforderlich. Sehr oft sind Kinder mit körperlichen Behinderungen im Hinblick auf Kraft und Ausdauer ein Stück hinter Gleichaltrigen zurück, was zur Überforderung und Überanstrengung der Körpersysteme führen kann. Ferner besteht eine höhere Infektneigung oder Anfälligkeit für Sekundärerkrankungen, sei es aufgrund der Behinderung oder durch eine bestimmte notwendige Medikation.

Wegen dieser besonderen medizinischen Umstände müssen bei der Planung einer Bewegungsgruppe unter Teilnahme behinderter Personen spezielle Vorkehrungen getroffen werden. Es ist unerlässlich, sich die Umgebung eingehend unter Sicherheitsaspekten anzusehen. Die Materialien sollten im Hinblick auf Oberfläche, Größe und Gewicht so ausgewählt werden, dass sie den Erfordernissen der Kinder entsprechen. Zudem ist es wichtig, die Erste-Hilfe-Maßnahmen zu beherrschen und zu wissen, wie man sich etwa bei einem epileptischen Anfall gegenüber dem Betroffenen verhalten muss.

Sie sollten auch die individuellen Bedürfnisse der Kinder kennen. Für die Gestaltung eines sicheren Trainingsumfelds müssen Sie sich mit den persönlichen Eigenheiten des Einzelnen befassen, aus denen sich die ganz speziellen Erfordernisse ableiten lassen. Eine andere Möglichkeit ist der Informationsaustausch mit den Pflegenden des Kindes, um auf diesem Weg relevante medizinische Informationen etwa im Hinblick auf Medikamentennebenwirkungen, Allergien oder Erkrankungen wie Diabetes, Epilepsie oder Asthma zu erhalten. Wenn Sie irgendwelche Befürchtungen im Hinblick auf medizinische Notsituationen im Zusammenhang mit der geplanten Aktivität haben, sollten Sie sich ärztlich attestieren lassen, ob das Kind am Sportunterricht teilnehmen kann. Folgen Sie dabei den Vorgaben Ihrer schulischen Einrichtung.

Die Aufklärung der behinderten Kinder zum Thema Sicherheit und Trainingsvorkehrungen hilft ihnen dabei, selbst mit auf ihre persönliche Umgebung und ihre Grenzen beim Training zu achten. Bis die Kinder jedoch die medizinischen und sicherheitstechnischen Belange beim Schulsport wirklich verstanden haben, müssen sie engmaschig von Personen überwacht werden, die die notwendigen Vorsorgemaßnahmen beherrschen und die sportlichen Aktivitäten beaufsichtigen können. So ist sich vielleicht ein Kind mit einer Latexallergie nicht darüber im Klaren, welche Gegenstände Latex enthalten können. Bleiben Sie deshalb stets aufmerksam. Spezifische Sicherheitsbelange im Zusammenhang mit den in diesem Buch vorgestellten Übungen werden durchgehend aufgeführt. Allerdings ersetzt dies nicht die Aufmerksamkeit von ausgebildetem und qualifiziertem Personal, das die individuellen Sicherheitsbelange der einzelnen Kinder im Auge behält.

Lehrstrategien und spezielle Tipps für Pädagogen

Um die optimale Umsetzung Ihres Trainingsprogramms zu erreichen, müssen Sie effektive Lehrstrategien anwenden. Das Unterrichten von Kindern und Jugendlichen in funktionellen Fertigkeiten und Generalisierungen ist zur Steigerung ihrer Selbstständigkeit und ihrer Teilnahme an den ATLs sehr wichtig (Brown et al. 2001).

Weitere Strategien zur Motivation von Kindern u. Jugendlichen sind die Wahlmöglichkeiten und die positive Verstärkung (Wolery und Schuster 1997). Untersuchungen zeigten, dass speziell kurze verbale und physische Aufforderungen den Zeitraum verlängern, in dem ein Kind sich einer sportlichen Aufgabe widmet, individualisierte (differenzierende) Instruktionen erzeugen ein positives Lernklima im Sportunterricht.

Die zunehmenden Gelegenheiten für Kinder und Jugendliche, an sportlichen Aktivitäten während des Schulalltags teilzunehmen, bieten viele Vorteile. Der Sportunterricht als Teil des Curriculums ist in Amerika auch für Kinder und Jugendliche mit Behinderungen nach IDEA (2004) vorgesehen und wird sowohl von nationalen als auch internationalen Organisationen unterstützt, die Richtlinienempfehlungen für körperliche Aktivitäten aufgestellt haben. Schließlich besteht das Ziel darin, die allgemeine Funktionsfähigkeit und die Lebensqualität für alle Menschen einschließlich schwer behinderter Personen zu erhöhen.

Das Unterrichten und Beurteilen von Kindern mit schweren Behinderungen im schulischen Umfeld kann sehr schwierig sein (Kauffman und Krouse 1981, Kleinert und Kearns 1999, Meyer et al. 1987). In vielen Situationen können diese Kinder Konzepte nicht verstehen bzw. das Wissensniveau ihrer gleichaltrigen Mitschüler nicht erreichen (Brown et al, 2001). Deshalb sind alternative Lehransätze notwendig, um sicherzustellen, dass Kinder mit Behinderungen ihr optimales Wissensniveau erreichen. Das Lehrpersonal muss sich auch klarmachen, was im Unterricht von Kindern wichtig ist, die nicht die körperlichen oder geistigen Möglichkeiten haben, ihr ganzes Wissen und Verständnis in den Kerngebieten Mathematik, Deutsch, Naturwissenschaften und Geschichte auszudrücken. Aus zahlreichen Untersuchungen in der Sonderpädagogik geht hervor, dass das Unterrichten von Kindern auf niedrigem Funktionsniveau in funktionellen Fertigkeiten und Generalisierungen die beste Unterrichtsform ist (Brown et al. 2001).

Im Folgenden sind einige Strategien aufgeführt, die sich in Untersuchungen als effektiv für den Unterricht mit behinderten Kindern und Jugendlichen erwiesen haben:

- Halten Sie das Kind lange mit einer Sache beschäftigt.
- Stellen Sie die Materialien in klarer und strukturierter Form vor.
- Vermitteln Sie Informationen verbal.
- Präsentieren Sie die Informationen in körperlicher Form, indem Sie z. B. etwas vormachen.
- Halten Sie sowohl verbale als auch körperliche Aufforderungen einfach und knapp, damit das Kind sich weiter auf seine Aufgabe konzentrieren kann und nicht überfordert wird.
- Geben Sie dem Kind nützliche Rückmeldungen.
- Bedienen Sie sich verschiedener Motivationsstrategien wie etwa Wahlmöglichkeiten, Organisation des Ablaufs in einer Form, die das Kind anspricht, und fortwährender positiver Verstärkung.
- Ermöglichen Sie funktionale Ergebnisse, von denen das Kind jetzt und auch zukünftig profitieren kann.
- Lassen Sie die Kinder die Übungen in unterschiedlichen Settings durchführen, um den Lernprozess zu generalisieren.

Jede der in diesem Buch vorgestellten Aktivitäten kann sowohl an die Bedürfnisse des einzelnen Kindes als auch an die Umgebung und die zur Verfügung stehenden Materialien angepasst werden. Wenn Sie die Übungen in Ihrer eigenen Klasse einsetzen möchten, können Sie die folgenden Praxistipps nutzen:

- **Variieren Sie die Materialien:** Durch Veränderung der Materialien (z. B. Größe, Gewicht, Oberfläche) kann die Erfolgsquote der Kinder ohne Veränderung des Übungsziels oder -zwecks erhöht werden. Die Veränderung der Materialmenge kann das Aktivitätstempo erhöhen oder verlangsamen (mehr bzw. weniger Materialien). Zuhause gefertigte Materialien sind meist sehr preiswert und leicht herzustellen.

Wollknäuel, Nylon-Frisbees, Wasserflaschen, Alu-Dosen und Plastikwasserflaschen sind Beispiele für Materialien von zuhause, die bei den Übungen in diesem Buch benutzt werden.

- **Passen Sie die Übung an die Umgebung an:** Die meisten Übungen aus diesem Buch lassen sich mit geringen Veränderungen in unterschiedlichen Umgebungen ausführen. Wenn Sie eine Übung in einem begrenzten Raum durchführen lassen, geben Sie weniger Regeln vor, arbeiten Sie mit weniger Materialien oder wählen Sie leichtere Materialien, die sich langsamer bewegen (z. B. einen Ballon). Wenn Sie sich in einem weitläufigen Areal befinden, verteilen Sie die Kinder so, dass mehrere Übungen zur gleichen Zeit absolviert werden können (Zirkeltraining) oder so, dass alle Kinder die gleiche Übung parallel ausführen. Dadurch werden die Kinder aktiv gehalten und ein Herumstehen oder Herumsitzen, bis man an der Reihe ist, wird verhindert.
- **Setzen Sie bunte Matten ein:** Verwenden Sie Gegenstände oder Matten, um die Orte anzuzeigen, an denen Kinder sitzen, stehen oder sich bewegen sollen. Bunte, runde und biegsame Matten (Poly Spots) helfen den Kindern sehr, die Anweisungen zu befolgen und auf die Aufgabe konzentriert zu bleiben. Sie können auch vorhandene Linien auf dem Boden nutzen oder Kreppband, Straßenkreide oder aus Bastelpapier zugeschnittene, laminierte Symbole verwenden, um einen bestimmten Ort oder Punkt zu kennzeichnen. (Wenn Sie z. B. möchten, dass die Kinder einen sitzenden Kreis bilden, platzieren Sie die Matten kreisförmig auf dem Boden. Dann fordern Sie die Kinder auf, sich zu dem Kreis zu begeben, eine Matte auszusuchen und sich darauf zu setzen.)
- **Geben Sie verbale und optische Anweisungen:** Kurze und einfache Anweisungen oder Demonstrationen in Form eines Wortes, eines Satzes oder eines Bildes helfen dabei, die zu erlernende Fertigkeit zu beschreiben. Wenn Sie sie kurz und knapp halten, helfen Sie dadurch den Kindern, sich auf die Aufgabe zu konzentrieren und überschütten sie nicht mit Informationen. Wenn die Kinder z. B. einen Überhandwurf lernen sollen, konzentrieren Sie sich zunächst darauf, dass die Kinder den Ball nahe an ihrem Ohr halten, bevor sie ihn loslassen. Wenn sie dies sicher beherrschen, geben Sie den nächsten Hinweis zum Überhandwurf: den gegenseitigen Fuß vorsetzen.
- **Bleiben Sie zeitlich flexibel:** Die Unterrichtsdauer sollte auf der Grundlage des Leistungsniveaus der Kinder und der allgemeinen Erfolgsquote variabel gehandhabt werden. Bedenken Sie, dass Wiederholungen für Kinder mit Behinderungen gut sind und dass sie eventuell viele Versuche benötigen, um Verständnis für die Übung zu entwickeln. Geben Sie nie nach dem ersten Versuch auf!
- **Halten Sie die Aktivitäten auf Augenhöhe:** Viele Tätigkeiten werden von Kindern mit schweren körperlichen Behinderungen erfolgreicher absolviert, wenn sie auf Augenhöhe stattfinden. Sie unterstützen ein visuelleres Verständnis der Kinder für die Aktivität und steigern die Motivation, wenn Sie die Aktivität an einem Tisch ausrichten oder ein Ziel an der Wand wählen. Dies ermöglicht es den Kindern auch, Objekte leichter zu manipulieren. Wenn z. B. ein Kind einen Rollstuhl, Gehstützen oder einen Gehbock nutzt, kann es an den meisten Aktivitäten nicht teilnehmen, bei denen wie etwa beim Kegeln der Einsatz beider Hände erforderlich ist. Wenn Sie das Kegel-Spiel auf einem Tisch aufbauen, an dem das Kind die Kugel besser handhaben kann, erhöhen Sie seine Erfolgsquote.
- **Setzen Sie Musik ein:** Der Einsatz von Musik und Musikinstrumenten bietet beim Erlernen körperlicher Aktivitäten viele Vorteile. Musik mit Text, die bestimmte Aufgaben verbalisiert, erhöht die Bereitschaft der Kinder zur Teilnahme und zur Umsetzung der Anweisungen. Ebenso hilfreich ist Musik mit einem sehr einfachen Rhythmus, zu dem die Kinder ein Band in der Luft schwenken oder den Takt mit einem Holzstab schlagen. Sie können Musik auch als Start- oder Stoppsignal einsetzen oder verschiedene Geschwindigkeiten nutzen, wenn sich die Kinder durch den Raum bewegen (langsam, mittel, schnell).
- **Betonen Sie Ursache und Wirkung:** Übungen und Materialien, die Ursache-Wirkung-Zusammenhänge aufzeigen, sind für Kinder mit schweren körperlichen Behinderungen sehr lohnend. Sie erfreuen sich etwa daran, wenn Kegel oder Wasserflaschen durch Berührung umgeworfen werden. Schalter sind für diese Gruppe ebenfalls interessant (z. B. das Licht geht an, wenn sie einen Schalter treffen). Die Einbeziehung

von Ursache-Wirkung-Prinzipien kann das Interesse der Kinder an der Aktivität aufrecht erhalten und ihnen dabei helfen, das Ziel zu erkennen, auf das sie hinarbeiten.

- **Etablierung von Routinen:** Der Aufbau von Gewohnheiten ist sehr wertvoll für den Umgang mit einem Klassenverband. Ein geregeltes Aufwärmen, ein Ort, zu dem sich die Kinder immer begeben oder ein Symbol, das jedem Beginn einer Aktivität vorangestellt wird, unterstützen eine zielgerichtete Aufmerksamkeit. Ebenfalls nützlich ist es, mit derselben Routine auch zu enden. Ein geeigneter Übergang zur nächsten Aufgabe im Alltag ist die Durchführung einer „Cool-Down"-Routine, z. B. das gemeinsame Aufräumen der Materialien oder der Abschluss durch Fragen, die auf das Verständnis abzielen.

- **Konzentration auf oder Veränderung der Bewegungsmuster:** Bewegungsmuster sind die Fertigkeiten, die zur Ausübung einer Aktivität oder zur Teilnahme am Sport erforderlich sind. Beim Basketball müssen die Spieler z. B. dribbeln, passen, fangen, schießen, laufen und rutschen können und den raschen Richtungswechsel beherrschen. Die Veränderung eines Bewegungsmusters während einer Aktivität oder die Konzentration auf nur ein oder zwei Bewegungen erhöht den Erfolg der Kinder bei der Teilnahme an modifizierten Spielen oder Aktivitäten. So muss das Kind im Basketball-Beispiel vielleicht nicht dribbeln, sondern nur passen und fangen, oder nur gehen und nicht laufen. Wenn Sie leichtere oder weniger Fertigkeiten einsetzen lassen, machen Sie eine Übung einfacher. Wenn Sie komplexere Bewegungen einsetzen und die Zahl der Fertigkeiten erhöhen, gestalten Sie die Aufgabe schwieriger.

Zusammenfassung

Die Suche nach der geeigneten körperlichen Aktivität für Kinder mit schweren körperlichen Behinderungen ist für jeden professionellen Begleiter (Pädagogen, Therapeuten) eine Herausforderung. Die betroffenen Kinder nehmen dann nicht selten eine passive Rolle während des Sportunterrichts ein. Dieses Buch zeigte zahlreiche Aktivitäten auf, welche die altersentsprechenden Schwierigkeitsgrade mit den IEP-Zielen verbinden. Eine verstärkte Beteiligung an körperlichen Aktivitäten führt zu größerer Fitness, mehr Freude und Lebensqualität der behinderten Kinder und Jugendlichen.

1 Gleichgewichts- und Beweglichkeitsübungen

Die in diesem Kapitel beschriebenen 10 Übungen konzentrieren sich auf eine Verbesserung oder Beibehaltung von Gleichgewicht und Beweglichkeit. Dazu gehören die Streckung der oberen und unteren Extremitäten zum Erreichen eines Objekts, die Beibehaltung einer gedehnten Position oder Körperhaltung über einen längeren Zeitraum oder das Balancieren eines Objekts auf einem bestimmten Körperteil.

Sandsäckchenübung

Primärer Trainingsbereich
Gleichgewicht und Beweglichkeit.

Weiterer Trainingsbereich
Verstehen von Anweisungen; Identifizierung von Körperteilen.

Ziel der Übung
Ein Sandsäckchen auf einem bestimmten Körperteil balancieren und dabei das Gleichgewicht halten.

Materialien
Sandsäckchen (jedes Kind eins).

Vorbereitung
Stellen Sie die Kinder im Kreis auf und geben Sie jedem ein Sandsäckchen.

Durchführung
1. Jedes Kind soll sein Sandsäckchen festhalten.
2. Benennen Sie die Bewegung und führen Sie sie vor, während die Kinder Sie nachahmen. Versuchen Sie folgende Übungen, die aufsteigend nach Schweregrad geordnet sind:
   a. Balanciert das Sandsäckchen auf dem Kopf. Dann balanciert es auf dem Arm. Bewegt jetzt die Arme rauf und runter.
   b. Balanciert das Sandsäckchen auf dem Bauch.
   c. Balanciert das Sandsäckchen auf einem Ohr.
   d. Balanciert das Sandsäckchen auf dem Rücken.
   e. Balanciert das Sandsäckchen auf der Schulter.
   f. Balanciert das Sandsäckchen auf dem einen Knie und dann auf dem anderen (➤ Abb. 1.1).
   g. Balanciert das Sandsäckchen auf dem Kopf und dreht euch im Kreis.
   h. Balanciert das Sandsäckchen auf dem Fuß und bewegt ihn dann nach oben und unten.
   i. Werft das Sandsäckchen hoch und fangt es wieder auf.
   j. Werft das Sandsäckchen von hinten durch die Beine und fangt es wieder auf.
   k. Werft das Sandsäckchen hoch, klatscht in die Hände und fangt es wieder auf.

Einfache Variante
- Führen Sie dem Kind die Hand (körperliche Unterstützung).
- Geben Sie einfache, kurze Anweisungen, die sich auf den Körperteil konzentrieren (z. B. „Sandsäckchen auf den Kopf").
- Erlauben Sie den Kindern, mit der anderen Hand das Sandsäckchen zu stützen.

Abb. 1.1 Sandsäckchen auf einem Knie balancieren.

Schwierige Variante
- Beschreiben Sie die Übung lediglich, ohne Sie vorzuführen.
- Lassen Sie die Kinder die Anweisungen rufen.
- Gestalten Sie die Sandsäckchenübung als Nachmach-Spiel (z. B. „Alle Vögel fliegen hoch").

Informelle Beurteilungsfragen
- Kann das Kind das Sandsäckchen auf dem angegebenen Körperteil halten?
- Kann das Kind Körperteile verbal oder körperlich anzeigen?

Musikvorschläge
- Greg & Steve, Kids in Motion: Beanbag Boogie I, Beanbag Boogie II.
- Greg & Steve, Kids in Action: Beanie Bag Dance.

Körperkegeln

Primärer Trainingsbereich
Gleichgewicht und Beweglichkeit.

Weiterer Trainingsbereich
Treffen.

Ziel der Übung
Die Beweglichkeit beweisen, indem mit dem Körper Kegel oder andere aufrecht stehende Dinge umgeworfen werden.

Materialien
- Kegel oder andere leichte Objekte, die umgeworfen werden können, z. B. leere Kaffeesahnebehälter, Milchtüten, Kunststoffwasserflaschen oder Konservendosen.
- Eine Matratze (etwa 3 m lang) oder ein weicher Untergrund für jedes Kind.

Vorbereitung
Legen Sie die Matratze in einem offenen Raum ohne Hindernisse auf den Boden (auch ein großer Teppich ist geeignet). Platzieren Sie die Kegel um die Matratze (oder ein entsprechend großes, markiertes Gebiet auf einem Teppich) herum.

Durchführung
1. Die Kinder legen sich auf die Matratze oder auf den weichen Untergrund.
2. Auf Ihr Zeichen hin strecken die Kinder ihren Körper in alle Richtungen aus und werfen alle Kegel um, die sie umgeben (➤ Abb. 1.2).

Einfache Variante
- Platzieren Sie die Kegel näher an den Kindern, sodass sie sich nicht so lang machen müssen, um diese zu erreichen.
- Erlauben Sie den Kindern, in einem Stuhl zu sitzen und die Kegel mit einer Schwimmnudel oder einem Schläger umzuwerfen.

Schwierige Variante
- Platzieren Sie die Kegel weiter von den Kindern entfernt, sodass sie sich möglichst weit strecken müssen.
- Die Kinder rollen seitlich über den Boden und werfen so die Kegel um.
- Stellen Sie die Kegel auf einem harten Boden weiter auseinander, die Kinder umfahren die Kegel auf einem Roller.

Informelle Beurteilungsfragen
- Wirft das Kind die Kegel mit einem Körperteil um?
- Kann das Kind wenigstens einen stehenden Kegel umwerfen?

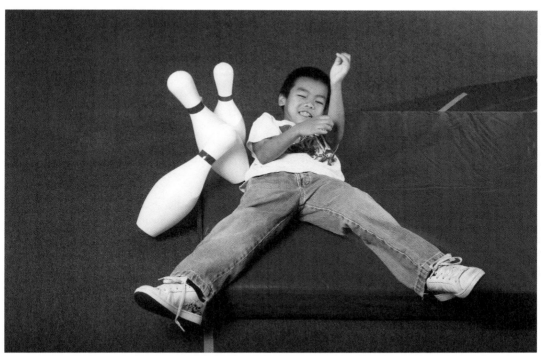

Abb. 1.2 Alle Kegel mit dem Körper umwerfen.

1

Blasenjagd

Primärer Trainingsbereich
Gleichgewicht und Beweglichkeit.

Weiterer Trainingsbereich
Körperteilerkennung; Augen-Hand-Koordination.

Ziel der Übung
Seifenblasen mit bestimmten Körperteilen zum Zerplatzen bringen.

Materialien
Seifenblasen (fertig gekauft oder zuhause hergestellt, groß oder klein; Rezepte zum Selbermachen von Seifenblasen finden Sie im Internet, z. B. http://www.ballonland.org/seifenblasen-rezept.html).

Vorbereitung
Suchen Sie ein großes Areal ohne Hindernisse.

Sicherheitshinweis

Führen Sie diese Übung nicht auf Fliesen oder auf Turnhallenboden durch. Die Seifenlauge lässt den Boden sehr rutschig werden.

Durchführung
1. Platzieren Sie die Kinder etwa 1,5 m oder weiter von der Person entfernt, welche die Blasen macht.
2. Der Spielleiter benennt einen Körperteil.
3. Die Person mit der Seifenlauge macht jetzt etwa 10 Blasen, während die Kinder versuchen, diese mit dem genannten Körperteil zum Zerplatzen zu bringen (➤ Abb. 1.3).
4. Wiederholen Sie dies, wenn alle Blasen verschwunden sind.

Einfache Variante
- Lassen Sie nur jeweils eine Blase auspusten.
- Die Kinder folgen dem Weg der Seifenblasen nur mit den Augen oder mit dem Kopf.
- Machen Sie sehr große Blasen.
- Halten Sie Karten mit Bildern von Körperteilen bereit. Ein Mitspieler wählt eine Karte, die anderen müssen die Blasen mit dem abgebildeten Körperteil zum Platzen bringen.

Abb. 1.3 Die Kinder versuchen, die Blasen mit den Fingern zerplatzen zu lassen.

Schwierige Variante

- Lassen Sie die Blasen rascher hintereinander herstellen.
- Die Kinder machen die Seifenblasen selber oder benennen den Körperteil.
- Lassen Sie die Kinder zählen, wie viele Blasen sie mit dem betreffenden Körperteil zum Platzen gebracht haben.

Informelle Beurteilungsfragen

- Kann das Kind Körperteile identifizieren?
- Kann das Kind die Seifenblasen mit dem speziellen Körperteil berühren?

Kletterwand

Primärer Trainingsbereich
Gleichgewicht und Beweglichkeit.

Weiterer Trainingsbereich
Augen-Hand-Koordination.

Ziel der Übung
Einem markierten Weg folgen und dabei das Gleichgewicht halten.

Materialien
In verschiedenen Formen und Größen zurechtgeschnittenes buntes Bastelpapier mit verschiedenen Oberflächen sowie Klebeband. (Wenn die Formen lange halten sollen und viel genutzt werden, laminieren Sie die Zuschnitte am besten).

Vorbereitung
Kleben Sie die bunten Formen zufällig verteilt auf eine etwa 6 × 2 m große Wand sowie auf den Boden vor der Wand.

Durchführung
1. Lassen Sie die Kinder an einem Ende der Wand beginnen.
2. Geben Sie Anweisungen für das „Klettern" entlang der Wand, z. B.: „Mit dem linken Fuß auf das rote Herz auf dem Boden treten und mit der rechten Hand den blauen Stern an der Wand berühren" (> Abb. 1.4).
3. Geben Sie weiter Anweisungen, bis die Kinder das Ende der Wand erreicht haben.
4. Wenn mehrere Mitspieler gleichzeitig teilnehmen, sollen sie sich an der Wand verteilen und von unterschiedlichen Startpunkten aus beginnen.

Einfache Variante
- Kleben Sie die Formen nur auf den Boden oder nur an die Wand.
- Geben Sie nur einzelne Anweisungen (nur Farben oder nur Formen).
- Geben Sie keine Handseite vor (rechts oder links).

Schwierige Variante
- Machen Sie die Anweisungen komplexer („Rechte Hand auf blauen Stern.").
- Lassen Sie die Kinder die Anweisungen geben.
- Bringen Sie die Formen so an, dass sie schwieriger zu finden sind.

Informelle Beurteilungsfragen
- Kann das Kind Formen, Farben und Oberflächen identifizieren?
- Kann es in angemessener Weise von einer Form zur nächsten gelangen?

Abb. 1.4 Geben Sie die Anweisungen für das Umsetzen der Hände und Füße.

Zeltstangenspringen

Primärer Trainingsbereich
Gleichgewicht und Beweglichkeit.

Weiterer Trainingsbereich
Koordination; Muskelkraft.

Ziel der Übung
Die Erfahrung von Rhythmus und Bewegung in Verbindung mit einer wie ein Springseil rotierenden Zeltstange, über die gestiegen, gesprungen oder gerollt wird.

Materialien
Zusammenlegbare Zeltstange (die als Springseil verwendet wird).

Vorbereitung
Verbinden Sie die Zeltstangen so, dass eine stabile Stange entsteht.

Durchführung
1. Zwei Erwachsene oder zwei Kinder halten je ein Ende der Stange und beugen diese etwas, sodass ihre Mitte leicht den Boden berührt (wie ein Springseil).
2. Das Kind steht in der Mitte wie beim klassischen Seilspringen.
3. Die Hilfspersonen drehen die Stange wie beim Seilspringen, während das Kind zum richtigen Zeitpunkt darüber steigt, springt oder rollt (➤ Abb. 1.5). (Eine Zeltstange ist dazu hervorragend geeignet, weil sie sich viel langsamer als ein normales Seil drehen lässt.)

Einfache Variante
• Verringern Sie die Drehgeschwindigkeit.
• Lassen Sie die Helfer das Drehen unterbrechen, wenn die Zeltstange den Boden berührt, so hat das Kind länger Zeit, um zu reagieren.
• Geben Sie dem Kind Bescheid, wenn der Zeitpunkt zum Springen gekommen ist.

Schwierige Variante
• Erhöhen Sie die Drehgeschwindigkeit.
• Zählen Sie, wie oft das Kind hintereinander über die Stange springen kann.
• Singen Sie einen Reim beim Seilspringen (z. B. unter http://www.little-luna.com/index.php?id=143).
• Verwenden Sie ein normales Springseil.

Informelle Beurteilungsfragen
• Kann das Kind in angemessener Zeit über die Stange steigen, springen oder rollen?
• Kann das Kind mehrmals hintereinander über die Stange springen?

Abb. 1.5 Die Stange wird wie beim Seilspringen geschwungen, während der Junge darüber hüpft.

Teller-Aerobic

Primärer Trainingsbereich
Gleichgewicht und Beweglichkeit.

Weiterer Trainingsbereich
Muskelkraft; kardiorespiratorische Ausdauer.

Ziel der Übung
Bewegungsübungen auf Papptellern durchführen und dabei das Gleichgewicht und die Kontrolle behalten.

Materialien
Gewachste Pappteller (ein oder zwei pro Kind).

Vorbereitung
Die Kinder stehen in einem Kreis auf Teppichboden. (Setzen Sie eventuell bunte Matten ein.)

Durchführung
1. Die Kinder stehen zunächst mit dem rechten Fuß auf einem Pappteller, die Füße etwa schulterbreit voneinander entfernt.
2. Das Körpergewicht wird auf das linke Bein verlagert, das rechte Bein wird seitlich vom Körper weg- und wieder herangeführt.
3. Lassen Sie die Kinder nun mit dem rechten Fuß auf dem Pappteller nach vorn und nach hinten gleiten.
4. Die Kinder wechseln jetzt die Seite (linker Fuß auf den Pappteller) und wiederholen die Übung.
5. Wenn die Kinder den Dreh einmal heraushaben, geben Sie ihnen einen zweiten Pappteller für den anderen Fuß.
6. Lassen Sie sie jetzt beide Beine nach außen und innen bewegen und anschließend einen Fuß vor und zurück im Seitenwechsel.
7. Spielen Sie Musik und lassen Sie die Kinder mit den Füßen auf den Papptellern dazu tanzen und sich im Raum bewegen (➤ Abb. 1.6). Geben Sie Hinweise zur freien Bewegung im Raum:
   a. „Sucht euch einen freien Raum."
   b. „Achtet auf die anderen."

Einfache Variante
- Die Kinder benutzen die Hände, anstatt der Füße. Sie legen ihre Hände auf einen Tisch vor sich und bewegen sie nach außen und innen, vor und zurück.
- Unterstützen Sie das Gleichgewicht das Kind, indem Sie ihre Hände halten.

Schwierige Variante
- Die Kinder sollen sich seitlich (im Krebsgang) durch den Raum bewegen: Sie schieben den führenden Fuß nach seitlich außen und ziehen den anderen nach, bis sie den Raum durchquert haben.

Abb. 1.6 Die Kinder bewegen sich mit beiden Füßen auf den Papptellern durch den Raum.

- Die Kinder können auch unter Verwendung der Pappteller einen Tanz erfinden oder sich eine Bewegungsfolge ausdenken.
- Geben Sie den Kindern Pappteller für Hände **und** Füße.

Informelle Beurteilungsfragen
- Kann das Kind bei Benutzung der Pappteller das Gleichgewicht halten?
- Kann es sich mit den Papptellern eine Zeit lang fortbewegen?

In der Spur

Primärer Trainingsbereich
Gleichgewicht und Beweglichkeit.

Weiterer Trainingsbereich
Augen-Fuß-Koordination; Präzision.

Ziel der Übung
Einen Rollstuhl oder ein Rollbrett auf einer markierten Bahn halten.

Materialien
Straßenkreide oder Klebeband (die Bahnen können auch mit Kegeln oder bunten Matten markiert werden).

Vorbereitung
Markieren Sie mit Kreide oder Klebeband zwei parallele Linien im Abstand von etwa 1,5 m als Spur auf dem Boden. Je nach Funktionsniveau können Sie den Weg einfach oder komplex gestalten.

Durchführung
1. Die Kinder sollen an einem Ende der Bahn beginnen.
2. Auf Ihr Zeichen bewegen sie sich in ihrem Rollstuhl oder auf dem Rollbrett den Weg entlang, wobei sie versuchen müssen, innerhalb der Markierungen zu bleiben und bis zum Ende zu gelangen.

Einfache Variante
- Das Kind soll sich darauf konzentrieren, nur ein Rad in der Spur zu halten (➤ Abb. 1.7).
- Machen Sie die Bahn ganz einfach und breit.
- Schieben Sie das Kind, während es die Richtung und die Geschwindigkeit vorgibt.

Schwierige Variante
- Machen Sie die Bahn enger.
- Gestalten Sie den Weg komplexer oder lassen Sie die Kinder den Weg rückwärtsfahren.
- Lassen Sie die Kinder Rollbretter verwenden.
- Die Kinder sollen zählen, wie oft sie die Linien überfahren haben, und versuchen, diesen Wert beim nächsten Durchgang zu unterbieten.
- Stoppen Sie die Zeiten der Kinder und spornen Sie sie an, diese Zeit zu unterschreiten.

Informelle Beurteilungsfragen
- Kann das Kind einem Weg auf dem Boden folgen, ohne das Gleichgewicht zu verlieren?
- Kann es die ganze Zeit über bis zum Ende in der Spur bleiben?

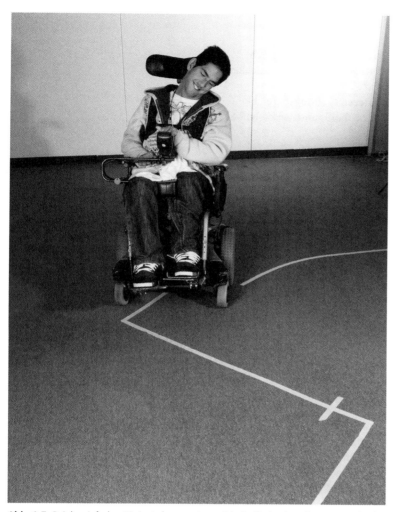

Abb. 1.7 Bei der einfachen Variante konzentrieren sich die Kinder darauf, nur ein Rad in der Spur zu halten.

Schuss in den Ofen

Primärer Trainingsbereich
Gleichgewicht und Beweglichkeit.

Weiterer Trainingsbereich
Augen-Hand- und Augen-Fuß-Koordination.

Ziel der Übung
Einen großen Ball durch ein vorgegebenes Gebiet bewegen, ohne dass er von einem gegnerischen Spieler aufgehalten wird.

Materialien
Großer Therapieball.

Vorbereitung
Suchen Sie ein großes Spielareal ohne Hindernisse (mindestens 7 m lang) mit einer unverstellten Wand in Reichweite der Arme.

Durchführung
1. Zwei Kinder führen diese Übung gleichzeitig aus. Sie sitzen im Rollstuhl oder auf einem Stuhl.
2. Die Kinder positionieren sich etwa 1,5 m (etwas mehr als eine Armlänge) von der Wand entfernt und sitzen in einem Abstand von 7,5 m einander gegenüber.
3. Ein Mitspieler rollt auf Ihr Startzeichen hin den Ball vorwärts und versucht, den Ball an seinem Gegner vorbei zu rollen. Dieser versucht seinerseits, den Ball aufzuhalten (➤ Abb. 1.8). Zum Rollen und auch zum Aufhalten können die Kinder jeden Körperteil einsetzen.
4. Die Kinder wechseln sich mit der offensiven (den Ball rollen) und der defensiven Position (den Ball blocken) ab.

Einfache Variante
- Die Kinder können den Ball mit einem Hilfsmittel blocken.
- Die Kinder können den Ball mit ihrem Rollstuhl blocken.
- Lassen Sie die Kinder an einem Tisch spielen. Dabei ist das Ziel, den Ball nicht herunterfallen zu lassen.

Schwierige Variante
- Platzieren Sie die Kinder mehr als 1,5 m von der Wand entfernt.
- Lassen Sie Kinder, die keinen Rollstuhl brauchen, knien.
- Vergrößern Sie den Abstand zwischen den Spielern.

Informelle Beurteilungsfragen
- Kann das Kind den Ball vorantreiben?
- Kann es den Ball mit dem Körper oder mit einem Hilfsmittel aufhalten?

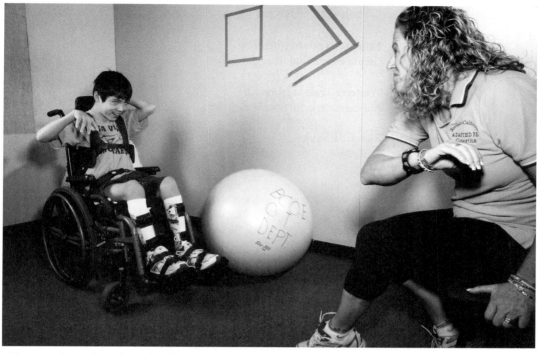

Abb. 1.8 Ziel ist es, den Ball zwischen dem Rollstuhl und der Wand durchzurollen. Geht er durch, gibt es einen Punkt.

Sitzen und ziehen

Primärer Trainingsbereich
Gleichgewicht und Beweglichkeit.

Weiterer Trainingsbereich
Muskelkraft; kardiorespiratorische Ausdauer.

Ziel der Übung
Sich selbst möglichst schnell an einem Seil vorwärts ziehen.

Materialien
Ein etwa 6 m langes Seil; ein stabiles Gitter, stabiler Haken oder eine feste Stange (z. B. vom Basketballkorb), woran das Seil sicher angebunden werden kann; Rollbrett oder Rollstuhl.

Vorbereitung
Binden Sie das eine Ende des Seils in etwa 1,5 m Höhe sicher an Haken, Stange oder Gitter fest und legen Sie das Seil gerade aus. Wenn mehrere Kinder teilnehmen, verwenden Sie auch mehrere Seile.

Durchführung
1. Die Kinder fassen das lose Ende mit beiden Händen, während sie entweder im Rollstuhl oder auf einem Rollbrett sitzen.
2. Auf Ihr Zeichen ziehen sich die Kinder selbst (Hand über Hand) möglichst schnell bis zum anderen Ende des Seils heran.

Einfache Variante
• Die Kinder halten das Seil, während Sie sie umher ziehen (➤ Abb. 1.9).
• Unterstützen Sie sie, indem Sie ihnen die Hand führen.
• Schieben Sie den Stuhl oder das Brett etwas mit, während das Kind sich selbst am Seil entlang zieht (Hand über Hand).

Schwierige Variante
• Lassen Sie zwei oder mehr Kinder gegeneinander antreten.
• Die Kinder sollen sich anschließend selbst zurückstoßen, bis das Seil wieder gespannt ist.

Informelle Beurteilungsfragen
• Zieht sich das Kind in einer Hand-über-Hand-Technik in die richtige Richtung voran?
• Kann es auf dem Rollstuhl oder dem Rollbrett das Gleichgewicht halten, während es das Seil hält?

Abb. 1.9 Bei der einfachen Variante ziehen Sie das Kind durch den Raum.

Sitz-Volleyball

Primärer Trainingsbereich
Gleichgewicht und Beweglichkeit.

Weiterer Trainingsbereich
Augen-Hand-Koordination; Treffen und Zielen.

Ziel der Übung
Einen Wasserball im Sitzen mit den Händen oder mit dem Kopf über ein Netz spielen.

Materialien
Wasserball oder großer Ballon; ein etwa 3,5 m langes Seil; zwei Stühle o. Ä., woran das Seil befestigt werden kann; bunte Matten (eine pro Kind), die anzeigen, wo die Kinder während der Übung sitzt.

Vorbereitung
Spannen Sie das Seil zwischen zwei Stühlen (nicht zu hoch über dem Boden), es stellt das „Volleyballnetz" dar. Verteilen Sie die Sitzmatten gleichmäßig auf beiden Seiten des Netzes bzw. Seils.

Durchführung
1. Die Kinder setzen sich auf die Matten. Verteilen Sie bessere und weniger gute Spieler gleichmäßig auf beide Seiten.
2. Geben Sie folgende Anweisungen: „Haltet beide Hände über dem Kopf, damit ich weiß, dass ihr bereit seid." und „Behaltet immer den Ball im Auge." Die Kinder schlagen den Ball mit beiden Händen, um ihn über das Netz zu befördern. (Sie können dazu auch die Köpfe benutzen.)
3. Die Kinder können den Ball auch mehrmals auf ihrer eigenen Seite spielen, bevor er über das Netz geschlagen wird.
4. Wenn der Ball den Boden berührt, soll ein Kind ihn über das Netz werfen, damit das Spiel erneut beginnen kann.

Einfache Variante
- Die Kinder dürfen den Ball auch fangen.
- Die Kinder können den Ball auch aus ihrem Schoß oder von einem Schoßtablett spielen, während ein anderes Mitspieler aus dem Team ihn weiterspielt, bevor er den Boden berührt.
- Schlagen Sie den Ball selbst auf.
- Lassen Sie die Kinder in einem Kreis sitzen und sich den Ball einander zuspielen (➤ Abb. 1.10).
- Erlauben Sie, dass der Ball zwischen zwei Schlägen einmal auftippt.

Schwierige Variante
- Zählen Sie, wie oft die Kinder den Ball spielen können, bevor er den Boden berührt.
- Lassen Sie den Ball beim Aufschlag über das Netz spielen.

Abb. 1.10 Die Kinder können auch zusammen spielen, indem sie zählen, wie oft sie den Ball spielen können, bevor er zu Boden geht.

- Spielen Sie nach den klassischen Volleyballregeln (z. B. muss der Ball dreimal gespielt werden, bevor er über das Netz gelangt).

Informelle Beurteilungsfragen
- Kann das Kind den Ball mit den Händen oder mit dem Kopf erreichen?
- Kann es für die Dauer der Übung die sitzende Position beibehalten?

Übungen für Muskelkraft und kardiorespiratorische Ausdauer

Die 10 Übungen in diesem Kapitel konzentrieren sich auf die allgemeine Kräftigung des Körpers und die kardiorespiratorische Ausdauer. Dazu gehören konstante Körperbewegungen wie Gehen, Laufen, Vorantreiben eines Rollstuhls und die kontinuierliche Bewegung der oberen und unteren Extremitäten. Widerstandsübungen mit Hilfsmitteln wie dem Thera-Band oder dem eigenen Körpergewicht sowie Aktivitäten, bei denen es darum geht, eine Bewegung über einen bestimmten Zeitraum aufrecht zu erhalten, sind alle dazu geeignet, die Muskelkraft und die kardiorespiratorische Ausdauer zu erhalten oder zu verbessern.

Raketenballon

Primärer Trainingsbereich
Muskelkraft und kardiorespiratorische Ausdauer.

Weiterer Trainingsbereich
Kreative Bewegungen; lokomotorische Fertigkeiten; Orientierung im Raum.

Ziel der Übung
Sich rasch durch den Raum in eine bestimmte Richtung bewegen, bevor der Ballon den Boden erreicht.

Materialien
Ballon-Luftpumpe(n); Raketenballons.

Vorbereitung
Wählen Sie ein freies Gelände ohne Hindernisse.

Durchführung
1. Die Kinder versammeln sich an einem Ende der Spielfläche.
2. Blasen Sie einen Ballon mit der Luftpumpe auf. Lassen Sie dann auf ein Signal hin den Raketenballon los, während sich die Kinder zur anderen Seite des Geländes bewegen (oder zu einem markierten Gebiet). Die Kinder sollen das Gebiet erreichen, bevor der Ballon den Boden berührt.
3. Geben Sie als Anweisung verschiedene Möglichkeiten vor, wie die andere Seite des Geländes erreicht werden soll, während der Ballon durch die Luft fliegt (z. B. „Haltet eine Hand hoch!", „Macht Tiergeräusche!", „Zählt bis 5!", „Balanciert ein Sandsäckchen auf eurem Kopf!", „Galoppiert!", „Lauft!", „Springt!", „Rutscht!", „Bewegt euch wie ein Tier!", „Fahrt rückwärts im Rollstuhl!", „Lauft hinter jemandem her!", „Macht die Bewegungen von jemandem nach!").

Einfache Variante
- Die Kinder verfolgen den Ballon mit den Augen oder Fingern.
- Fahren Sie die Rollstühle das Kinder über das Gelände.
- Lassen Sie die Kinder die Ballons jagen.

Schwierige Variante
- Lassen Sie die Kinder raten, wo der Ballon landen wird.
- Diskutieren Sie über die Begriffe Höhe und Richtung.
- Lassen Sie die Kinder komplexere lokomotorische Bewegungen machen.
- Lassen Sie die Kinder den Ballon fangen, bevor er zu Boden geht (➤ Abb. 2.1).

Informelle Beurteilungsfragen
- Bewegt sich das Kind in Richtung des markierten Ortes?
- Führt es die spezifischen Bewegungen aus?

Abb. 2.1 Die Kinder stehen still, bis der Ballon losgelassen wird. Dann versuchen sie, ihn zu fangen.

2

Vorsicht Seifenblasen!

Primärer Trainingsbereich
Muskelkraft und kardiorespiratorische Ausdauer.

Weiterer Trainingsbereich
Jagen, Wegrennen, Ausweichen; Orientierung im Raum; Verfolgung mit den Augen.

Ziel der Übung
Seifenblasen werden durch Wegpusten oder Wegschlagen mit einem Hilfsmittel daran gehindert, zu Boden zu gehen; oder man weicht den Blasen aus.

Materialien
Seifenblasen (fertig gekauft oder zuhause hergestellt, groß oder klein; Rezepte zum Selbermachen von Seifenblasen finden Sie im Internet, z. B. http://www.ballonland.org/seifenblasen-rezept.html).

Vorbereitung
Wählen Sie ein freies Gelände ohne Hindernisse.

Sicherheitshinweis

Führen Sie diese Übung nicht auf Fliesen oder auf Turnhallenboden durch. Die Seifenlauge lässt den Boden sehr rutschig werden.

Durchführung
1. Platzieren Sie die Kinder etwa 1,5 m oder weiter von der Person entfernt, welche die Blasen macht.
2. Lassen Sie diese Person jetzt etwa 10 Blasen machen, während die Kinder versuchen, diese wegzupusten (➤ Abb. 2.2) oder mit einem Hilfsmittel (z. B. einem Schläger) zu treffen. Als Variante weichen die Kinder den Blasen mit dem Körper oder dem Rollstuhl aus. Sie können den Kindern diese drei Optionen anbieten oder spezifizieren, welche sie aufgrund ihrer Fähigkeiten ausführen sollen.
3. Die Übung beginnt von vorne, sobald alle Blasen verschwunden sind.

Einfache Variante
- Lassen Sie nur jeweils eine Blase auspusten.
- Die Kinder verfolgen den Weg der Blasen nur mit den Augen oder mit dem Kopf.
- Machen Sie nur große Blasen.

Abb. 2.2 Der Junge versucht, die Seifenblasen wegzupusten.

Schwierige Variante
- Lassen Sie die Blasen schneller erzeugen.
- Die Kinder machen die Seifenblasen selber.
- Nennen Sie eine Regel für das Ausweichen (z. B. nach rechts bewegen oder nach links, unter einer Blase „durchtauchen").

Informelle Beurteilungsfragen
- Kann das Kind den Seifenblasen ausweichen?
- Wie vielen Blasen kann es ausweichen?

Laserlabyrinth

Primärer Trainingsbereich
Muskelkraft und kardiorespiratorische Ausdauer.

Weiterer Trainingsbereich
Kontrolle der Kopfbewegungen; Verfolgung mit den Augen.

Ziel der Übung
Mit dem Kopf einen Lichtsstrahl über ein Muster oder durch ein Labyrinth steuern.

Materialien
Laserpointer; Stirnband (um den Laserpointer am Kopf zu befestigen; es können auch Stirnlampen oder Clip-Lampen verwendet werden); farbiges Klebeband.

Vorbereitung
Gestalten Sie auf einer glatten Wand mit Klebeband ein Muster (z. B. parallele Linien, die horizontal an der Wand entlang geführt werden, um ein Labyrinth, ein Muster oder eine Form abzubilden). Bringen Sie den Laserpointer an einem Stirnband an.

Durchführung
1. Setzen Sie dem Kind den eingeschalteten Laserpointer auf den Kopf.
2. Das Kind sitzt vor der Wand.
3. Es folgt durch kontrollierte Kopfbewegungen dem Muster von links nach rechts und hält den Lichtstrahlt dabei zwischen den Linien (> Abb. 2.3).

Einfache Variante
- Bilden Sie ein einfaches Muster mit großen Formen. Das Kind richtet seinen Laserpointer nur auf eine Figur.
- Helfen Sie dem Kind bei der Steuerung des Laserpointers.
- Machen Sie die parallelen Linien sehr weit auseinander.

Schwierige Variante
- Erzeugen Sie ein komplexeres Muster, wie etwa ein Labyrinth.
- Machen Sie einen Wettkampf daraus, wer seinen Lichtpunkt am schnellsten durch den Weg führen kann, ohne dabei die Spur zu verlassen.
- Lassen Sie die Kinder das Wandmuster selbst gestalten oder bestimmen, wie es aussehen soll.

Informelle Beurteilungsfragen
- Kann das Kind den Lichtstrahl von Punkt A nach Punkt B führen?
- Kann es den Laserpointer zwischen den Linien halten?

Abb. 2.3 Der Junge führt durch seine Kopfbewegungen den Lichtstrahl entlang des Zickzackkurses über die Wand.

Mini-Baseball

Primärer Trainingsbereich
Muskelkraft und kardiorespiratorische Ausdauer.

Weiterer Trainingsbereich
Augen-Hand-Koordination; Treffen; Orientierung im Raum.

Ziel der Übung
Einen Ball mit einem Gegenstand treffen und zu einer „Base" laufen, bevor der Fänger einen markierten Punkt erreicht.

Materialien
Getränkekiste oder sehr großer Kegel (als Abschlagpunkt); großer Wiffle-Ball, Hula-Hoop-Reifen, Matten oder andere Markierungen (um die Base zu schaffen); Schwimmnudel oder Lollipop-Schläger (zum Schlagen).

Vorbereitung
Wählen Sie ein großes, freies Gelände. An einem Ende platzieren Sie die Getränkekiste oder den Kegel als Abschlagpunkt. In einem Abstand von etwa 6 m zur Getränkekiste und 45° nach vorne und rechts legen Sie eine bunte Matte oder eine Markierung auf den Boden, um die erste Base zu kennzeichnen. In der Mitte des Spielfelds platzieren Sie den Hula-Hoop-Reifen.

Durchführung
1. Bestimmen Sie einen Schlagmann. Alle anderen Kinder sind Fänger.
2. Der Schlagmann stellt sich an den Abschlagplatz.
3. Legen Sie den Wiffle-Ball auf den Abschlagpunkt.
4. Der Schlagmann schwingt jetzt die Schwimmnudel oder den Lollipop-Schläger, um den Wiffle-Ball vom Abschlagpunkt zu schlagen (➤ Abb. 2.4).
5. Wenn der Ball nach vorn geschlagen wird, legt der Schlagmann den Schläger auf den Boden und begibt sich rasch zur markierten Base.
6. Die Fänger versuchen den Ball zu fangen und ihn in den Hula-Hoop-Reifen zu bringen, bevor der Schlagmann die Base erreicht.
7. Die Kinder wechseln sich ab, sodass jeder sowohl mal Schlagmann als auch Fänger ist.

Einfache Variante
• Der Schlagmann kann den Ball auch aus seinem Schoß spielen.
• Verwenden Sie größere Bälle (Wasserball oder Ballon).
• Helfen Sie Fängern dabei, den Ball in ihren Schoß zu legen, um ihn dann in den Hula-Hoop-Reifen zu befördern.

Schwierige Variante
• Werfen Sie dem Schlagmann den Ball zu.
• Verwenden Sie mehrere Bases (erste, zweite, dritte Base; Homebase).
• Spielen Sie nach den klassischen Baseball-Regeln.

Abb. 2.4 Der Schlagmann schlägt mit dem Lollipop-Schläger den Wiffle-Ball vom Abschlagpunkt.

Informelle Beurteilungsfragen
- Kann der Schlagmann zuverlässig den Ball vom Abschlagpunkt schlagen und zur Base laufen?
- Kann der Fänger den Ball zuverlässig aufnehmen und zum Hula-Hoop-Reifen bringen?

Nicht in meinem Garten!

Primärer Trainingsbereich
Muskelkraft und kardiorespiratorische Ausdauer.

Weiterer Trainingsbereich
Augen-Hand-Koordination; Werfen (Zielen, Kraft, Präzision); Treffen.

Ziel der Übung
Objekte in das gegnerische Feld werfen und versuchen, sie aus dem eigenen herauszuhalten.

Materialien
Wollknäuel oder andere kleine, leichte Objekte; Kreppband oder Kegel (drinnen); Straßenkreide (draußen).

Vorbereitung
Markieren Sie mit dem Kreppband, den Kegeln oder der Straßenkreide eine Linie, die ein großes Spielfeld in der Mitte teilt. Legen Sie die eine Hälfte der Wollknäuel in die eine Spielhälfte und die restlichen Wollknäuel in die andere.

Durchführung
1. Verteilen Sie die Kinder gleichmäßig auf zwei Mannschaften.
2. Auf Ihr Zeichen hin („Los!", Musik, ein Pfiff) ergreifen die Kinder die Wollknäuel und werfen sie über die Linie in den gegnerischen „Garten". Die Bälle werden gleichzeitig hin und her über die Linie geworfen (> Abb. 2.5).
3. Wenn Sie ein weiteres Zeichen geben, unterbrechen die Kinder die Übung und sammeln die Bälle in ihrem „Garten" ein. Wenn es möglich ist, lassen Sie die Bälle zählen, um zu ermitteln, auf welcher Seite mehr gelandet sind.

Einfache Variante
- Geübtere Kinder übergeben den weniger Geübten die Bälle, damit diese sie dann werfen können.
- Die Kinder dürfen die Bälle auch fallen lassen oder sie von ihrem Schoß aus in das gegnerische Feld schlagen.
- Die Kinder können die Bälle auch mit einer Schwimmnudel über die Linie schieben.
- Die Kinder dürfen die Objekte auch Mitspielern des eigenen Teams zuspielen.

Schwierige Variante
- Markieren Sie bestimmte Ziele in den „Gärten", welche die Kinder mit den Bällen treffen sollen.
- Geübtere Kinder übergeben den weniger Geübten die Bälle, damit diese sie dann auf das Ziel werfen können.

Abb. 2.5 Die Bälle werden von beiden Teams gleichzeitig hin- und hergeworfen.

- Die Kinder zählen am Ende die Bälle auf ihrer Seite.
- Die Kinder versuchen, die von der anderen Seite geworfenen Bälle zu fangen, bevor sie zu Boden fallen.

Informelle Beurteilungsfragen
- Kann das Kind den Ball mit oder ohne Hilfe aufnehmen?
- Kann es den Ball in die richtige Richtung werfen?

Luftikus

Primärer Trainingsbereich
Muskelkraft und kardiorespiratorische Ausdauer.

Weiterer Trainingsbereich
Verstehen von Anweisungen oder Kommandos; Teamarbeit.

Ziel der Übung
Bewegen eines Schwungtuchs mit der Gruppe nach Anweisung.

Materialien
Schwungtuch (mindestens 3,6 m Durchmesser); Wollknäuel oder sehr leichte Bälle oder Objekte.

Vorbereitung
Breiten Sie das Schwungtuch flach auf dem Boden eines großen Spielgeländes aus.

Durchführung
1. Die Kinder sitzen oder stehen (je nach Fähigkeit) außerhalb des Schwungtuchs und fassen es mit beiden Händen. (Sie können es ggf. auch an einem Rollstuhl befestigen).
2. Geben Sie den Kindern genaue Anweisungen wie z.B.:
   a „Erzeugt kleine Wellen (schüttelt das Schwungtuch langsam und leicht)"
   b „Erzeugt große Wellen (schüttelt das Schwungtuch schnell und kräftig)"
   c „Hebt es hoch, zählt bis 3 und zieht es dann kräftig nach unten."
3. Legen Sie ein Wollknäuel auf das Schwungtuch und lassen Sie die Kinder die letzte Aktion wiederholen. Dabei können sie dann das Knäuel fliegen sehen (➤ Abb. 2.6).
4. Lassen Sie jeweils einen Mitspieler auf dem Schwungtuch stehen, sitzen oder liegen. Fragen Sie diesen, ob die Gruppe kleine oder große Wellen machen soll. Die Gruppe schüttelt dann das Schwungtuch entsprechend, während sich das Kind frei auf dem Schwungtuch bewegt. Wiederholen Sie dies mit jedem Mitspieler.
5. Lassen Sie jeweils ein Kind unter dem Schwungtuch stehen, sitzen oder liegen, während die Gruppe es bewegt. Verwenden Sie dieselben Anweisungen wie bei Punkt 4.

Einfache Variante
- Die Kinder können die Griffschlaufen für einen besseren Halt verwenden.
- Verlängern Sie die Griffschlaufen des Schwungtuchs mit einem Band.
- Helfen Sie den Kindern beim Bewegen des Schwungtuchs.

Abb. 2.6 Die Kinder lassen mit dem Schwungtuch ein Wollknäuel umherfliegen.

Schwierige Variante
- Spielen Sie „Was hüpft denn da?":
  - Die Hälfte das Kinder hält das Schwungtuch, während die andere Hälfte etwa 30 cm hinter diesen steht.
  - Legen Sie Wollknäuel auf das Schwungtuch.
  - Die Kinder mit dem Schwungtuch lassen die Bälle herunter hüpfen.
  - Die anderen Kinder sammeln die Bälle auf und werfen sie zurück auf das Schwungtuch.
  - Wechseln Sie die Gruppen.
- Geben Sie der haltenden Gruppe Anweisungen (z. B. „1, 2, 3 hoch!", „1, 2, 3 runter!").

Informelle Beurteilungsfragen
- Kann das Kind die Griffschlaufen am Schwungtuch festhalten?
- Kann es den Anweisungen zur Bewegung des Schwungtuchs Folge leisten?

Puste-Fußball

Primärer Trainingsbereich
Muskelkraft und kardiorespiratorische Ausdauer.

Weiterer Trainingsbereich
Mit den Augen verfolgen.

Ziel der Übung
Einen Tischtennisball durch Pusten in ein vorgegebenes Tor oder Ziel befördern.

Materialien
Tischtennisball; einen Strohhalm für jedes Kind (wenn möglich); Kartonpappe (z. B. von Schuh- oder Geschenkkartons); Tisch oder eine andere flache Oberfläche.

Vorbereitung
Bringen Sie an den langen Tischseiten die Kartonpappe an, sodass der Tischtennisball nicht am Rand herunterfallen kann. Lassen Sie die kurzen Tischseiten offen, sie sind die Tore.

Durchführung
1. Legen Sie den Tischtennisball in der Tischmitte.
2. Die Kinder pusten nun den Ball (wenn nötig mit dem Strohhalm) vorwärts und versuchen, ihn in das gegnerische Tor zu befördern (also über das Tischende, ➤ Abb. 2.7).

Einfache Variante
• Nur ein Kind spielt und versucht, den Ball mit einem Strohhalm über das gegenüberliegende Tischende hinaus zu pusten.
• Halten Sie den Strohhalm für die Kinder fest.
• Lassen Sie den Strohhalm ganz weg, stattdessen bewegt das Kind den Ball mit seinen Händen, einem Gegenstand oder einer Luftpumpe.

Schwierige Variante
• Lassen Sie zwei Kinder gegeneinander antreten, die versuchen, den Ball über das gegenüberliegende Tischende hinaus zu pusten.
• Bauen Sie aus Pappkarton Hindernisse auf dem Spielfeld auf.
• Zählen Sie die Tore.

Informelle Beurteilungsfragen
• Kann das Kind den Tischtennisball auf irgendeine Weise pustend vorantreiben?
• Kann es den Tischtennisball bis ins richtige Tor bringen?

Abb. 2.7 Das Kind pustet den Ball mit dem Strohhalm über den Tisch.

Mattenparcours

Primärer Trainingsbereich
Muskelkraft und kardiorespiratorische Ausdauer.

Weiterer Trainingsbereich
Orientierung im Raum.

Ziel der Übung
Die bunten Matten möglichst schnell in der richtigen Zahlenreihenfolge aufsuchen.

Materialien
Nummerierte Matten (1–10 oder höher) oder feste Zahlenkarten; Stoppuhr (optional).

Vorbereitung
Verteilen Sie die Matten zufällig auf dem Spielfeld.

Durchführung
1. Die Kinder gehen über das Spielfeld und müssen die Zahlen in der richtigen Reihenfolge aufsuchen.
2. Wenn das Kind die richtige Zahl gefunden hat, dreht es die Matte oder Karte um, sodass die Zahl nicht mehr sichtbar ist, und begibt sich dann zur nächsthöheren Zahl (➤ Abb. 2.8).
3. Die Kinder sollen möglichst schnell 10 Matten in der korrekten aufsteigenden Reihenfolge aufsuchen.

Einfache Variante
- Führen Sie die Übung ohne Stoppuhr durch.
- Setzen Sie weniger Matten ein
- Helfen Sie den Kindern beim Auffinden der richtigen Nummern durch Zurufen oder Zeigen.

Schwierige Variante
- Setzen Sie insgesamt mehr Matten ein oder verwenden Sie einzelne Zahlen mehrfach (z. B. mehrere Fünfen oder Zehnen).
- Die Kinder sollen bei bestimmten Nummern zusätzliche Übungen ausführen, z. B. bei Nummer 6 5-mal den Hampelmann machen, bevor es weiter zur Nummer 7 geht.
- Die Kinder bewegen sich auf eine bestimmte Art und Weise zu den Matten (z. B. hüpfend, galoppierend, springend).

Informelle Beurteilungsfragen
- Kann das Kind sich sicher über das Mattenfeld bewegen?
- Kann es die Zahlen in der richtigen Reihenfolge aufsuchen?

Abb. 2.8 Das Mädchen dreht die Karte um und sucht dann die nächsthöhere Zahl.

Powerfußball

Primärer Trainingsbereich
Muskelkraft und kardiorespiratorische Ausdauer.

Weiterer Trainingsbereich
Augen-Fuß-Koordination; Orientierung im Raum.

Ziel der Übung
Einen großen Therapieball im Rollstuhl sitzend in ein gekennzeichnetes Tor befördern.

Materialien
Großer Therapieball; Kegel oder zwei Netze, um ein Tor zu markieren; Kegel oder Linien als Begrenzungen.

Vorbereitung
Bauen Sie an beiden Enden eines etwa 45 m langen (oder kleineren), freien Spielfelds ein Tor auf. Stellen Sie sicher, dass der Therapieball die richtige Größe hat, um von den Kindern mit der Vorderseite des Rollstuhls über den Boden gespielt zu werden. Wenn der Rollstuhl zu hoch eingestellt ist, um den Ball spielen zu können, befestigen Sie ein Stück Pappkarton an der unteren Vorderseite des Rollstuhls.

───────────────── **Sicherheitshinweis** ─────────────────

Sorgen Sie für sichere Umgebungsbedingungen und behalten Sie die Übung gut im Blick. Die Kinder müssen verstehen, wie sie sich dabei sicher verhalten.

Durchführung
1. Teilen Sie alle Mitspieler in zwei Mannschaften auf.
2. Erklären Sie den Kindern, auf welches Tor sie jeweils zu spielen haben.
3. Beginnen Sie in der Mitte des Spielfelds und bestimmen Sie, welche Mannschaft den Anstoß hat.
4. Jede Mannschaft versucht, den Ball nur mithilfe des Rollstuhls über die gegnerische Torlinie zu bugsieren (➤ Abb. 2.9). Wenn ein Treffer erzielt wurde, beginnt das Spiel neu mit dem Anstoß durch die Mannschaft, bei der der Treffer erzielt wurde.

Einfache Variante
- Jeder Spieler einer Mannschaft muss den Ball einmal berührt haben, bevor ein Tor erzielt werden darf.
- Verkleinern Sie das Spielfeld.
- Verwenden Sie mehrere Bälle.

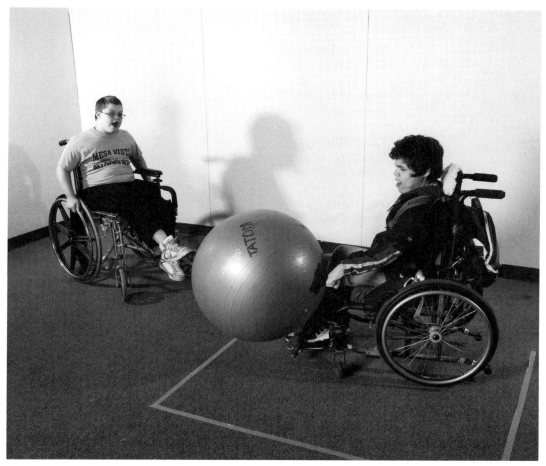

Abb. 2.9 Hier dient die Wand als Tor.

Schwierige Variante
- Lassen Sie die Kinder klassische Positionen aus dem Fußball übernehmen (Torwart, Abwehrspieler, Mittelfeldspieler und Stürmer).
- Vergrößern Sie das Spielfeld.

Informelle Beurteilungsfragen
- Kann das Kind den Ball in die Richtung des gegnerischen Tors bewegen?
- Kann es den Ball angemessen mit dem Rollstuhl spielen?

Widerstandsübungen mit dem Thera-Band

Primärer Trainingsbereich
Muskelkraft und kardiorespiratorische Ausdauer.

Weiterer Trainingsbereich
Beweglichkeit.

Ziel der Übung
Stärkung der Muskelkraft und Verbesserung der kardiorespiratorischen Ausdauer mithilfe eines Thera-Bands.

Materialien
Thera-Bänder oder Tubing (Thera-Band in Röhrenform).

Vorbereitung
Keine Vorbereitung erforderlich.

Sicherheitshinweis

Klären Sie, ob eines der Kinder möglicherweise eine Latex-Allergie hat, bevor Sie Thera-Band oder Tubing einsetzen. Das Tubing ist auch latexfrei erhältlich.

Durchführung
1. Jedes Kind beginnt mit ein oder zwei Thera-Bändern.
2. Lassen Sie die Kinder jede Übung etwa 10-mal wiederholen. Thera-Band-Übungen sind (➤ Abb. 2.10):
   a. Hammercurls:
      i.   Das Kind tritt auf das eine Ende des Bandes, während er das andere festhält. Jetzt zieht das Kind an dem Band.
      ii. Im Rollstuhl fährt das Kind auf das Ende des Bandes oder befestigt das Ende unten am Rollstuhl.
   b. Beidarmige Hammercurls:
      i.   Das Kind steht mit beiden Füßen auf der Mitte des Thera-Bands und hält mit seinen Händen je ein Ende des Bands fest. Nun hebt es beide Hände bis auf Hüftniveau und hält das Band weiter fest. Dann lässt es wieder locker und wiederholt die Übung.
      ii. Im Rollstuhl fährt das Kind mit den Rädern auf das Band oder befestigt zwei Bänder an beiden Seiten des Rollstuhluntergestells.
   c. Fliege: Das Kind hält das Band vor seinem Körper zwischen seinen Händen. Es zieht das Band mit gestreckten Armen auseinander und lässt wieder locker. Als Variante hält es das Band über seinem Kopf.
   d. Kahnfahrt: Wickeln Sie das Band fest um eine Stange oder einen Balken, etwa in Augenhöhe des Kindes. Das Kind hält das Band mit beiden Händen und zieht es wiederholt mit einer Ruderbewegung nach hinten.

Abb. 2.10 Von links nach rechts: Hammercurls, Überkopffliege, Kahnfahrt.

Einfache Variante
- Siehe vorangehende Ideen mit dem Rollstuhl.
- Bringen Sie das Band so am Handgelenk oder der Hand des Kindes an, dass es es nicht selbst aktiv halten muss.
- Sind für die Übung beide Hände erforderlich, kann ein Ende von einem Erwachsenen gehalten werden.
- Verwenden Sie Bänder mit dem Widerstandsgrad „light" oder „easy".

Schwierige Variante
- Setzen Sie farbige Bänder mit einem höheren Widerstandsfaktor ein.
- Erhöhen Sie die Anzahl der Wiederholungen.
- Lassen Sie die Kinder Buch führen über die Anzahl ihrer Wiederholungen und ihre Steigerungen.
- Bauen Sie zusätzliche Thera-Band-Übungen ein.

Informelle Beurteilungsfragen
- Kann das Kind das Thera-Band in angemessener Weise halten?
- Kann es die Thera-Band-Übungen mehrfach in korrekter Weise durchführen?

3 Augen-Hand- und Augen-Fuß-Koordination

Die 18 Übungen in diesem Kapitel widmen sich der Koordination von Augen und Hand bzw. Augen und Fuß. Dabei wird ein Objekt mit den Augen verfolgt, um es dann wie vorgegeben mit der Hand oder dem Fuß zu berühren. Übungen, die die Augen-Hand- und Augen-Fuß-Koordination fördern, sind das Treffen eines Objekts mit einem Instrument (z. B. Schläger oder Stock), das Treten eines Balls und das Werfen eines Balls auf ein Ziel. Werden diese Aufgaben mit Blick auf ein Ziel ausgeführt, müssen die Kinder zusätzlich genau zielen, die richtige Kraft und die nötige Präzision aufbringen. Kinder, die ihre Hände nicht einsetzen können, nutzen ihre Füße. So kann z. B. ein Kind mit infantiler Zerebralparese ein Objekt vielleicht besser mit dem Fuß als mit der Hand vorantreiben. Deshalb lassen sich viele der in diesem Kapitel beschriebenen Aktivitäten in Abhängigkeit von den Fähigkeiten der Kinder und Jugendlichen und dem Unterrichtsziel sowohl mit den Händen als auch mit den Füßen ausführen.

Tischkegeln

Primärer Trainingsbereich
Augen-Hand-Koordination.

Weiterer Trainingsbereich
Zielen, Kraft, Präzision.

Ziel der Übung
Ein Sandsäckchen über eine Tischplatte schieben, um damit „Kegel" zu treffen.

Materialien
Sandsäckchen; Kegel oder Plastikflaschen (zur Erhöhung des Gewichts je etwa 50 g Sand einfüllen); Tisch oder andere glatte Oberfläche.

Vorbereitung
Stellen Sie an einem Tischende die Kegel (oder Flaschen) auf. Das Kind steht oder sitzt an der gegenüberliegenden Tischseite.

Durchführung
1. Legen Sie ein Sandsäckchen vor das Kind.
2. Fordern Sie es auf, das Sandsäckchen über den Tisch zu schubsen und damit die Kegel umzuwerfen (➤ Abb. 3.1).

Einfache Variante
- Helfen Sie dem Kind dabei, das Sandsäckchen über den Tisch zu bewegen.
- Das Kind kann das Sandsäckchen auch mit einem Hilfsmittel über den Tisch schieben.
- Geben Sie dem Kind einen Ball oder ein größeres Objekt, das es leichter über den Tisch schieben oder rollen kann.
- Stellen Sie mehr Kegel auf.

Schwierige Variante
- Stellen Sie weniger Kegel auf und platzieren Sie diese in einem größeren Abstand zueinander, sodass das Kind genauer zielen muss.
- Die Kinder zählen die umgeworfenen und die stehen gebliebenen Kegel.
- Die Kinder stellen die Kegel für den nächsten Spieler wieder auf.
- Versehen Sie die Kegel mit Punktzahlen, sodass die Kinder diese nach dem Umwerfen zusammenzählen können.

Informelle Beurteilungsfragen
- Kann das Kind das Sandsäckchen in angemessener Weise in Richtung Kegel bewegen?
- Stimmen Richtung und Kraft der Bewegung und geschieht das Schieben oder Schleudern mit der nötigen Präzision?

Abb. 3.1 Der Junge schleudert das Sandsäckchen über den Tisch zu den Kegeln.

3

Treibball

Primärer Trainingsbereich
Augen-Hand-Koordination.

Weiterer Trainingsbereich
Treffen; kardiorespiratorische Ausdauer.

Ziel der Übung
Zusammen einen großen Ball durch Schlagen mit einer Schwimmnudel zu einem markierten Ziel bewegen.

Materialien
Großer Therapieball; halbierte Schwimmnudeln; buntes Klebeband.

Vorbereitung
Markieren Sie mit dem Klebeband (oder mit Kreide) einen Parcours auf dem Boden eines großen Spielfelds (gerade, zickzack, kurvig).

Durchführung
1. Die Kinder stellen sich entlang des Parcours einander gegenüber auf.
2. Markieren Sie an den Enden des Parcours einen Start- und einen Zielpunkt.
3. Platzieren Sie den großen Therapieball am Start.
4. Jeder Mitspieler bekommt eine halbe Schwimmnudel, mit der er den Ball schlagen kann.
5. Auf Ihr Zeichen hin treiben die Kinder den Ball gemeinsam durch Schläge mit den Schwimmnudeln zwischen den Linien voran. Die Kinder bleiben auf ihren Plätzen und dürfen den Ball schlagen, wenn er an ihnen vorbeikommt (➤ Abb. 3.2).

Einfache Variante
- Führen Sie dem Kind die Hand (körperliche Unterstützung).
- Wenn das Kind die Schwimmnudel nicht festhalten kann, bringen Sie sie mit einem Klettband an seinem Arm an.
- Nehmen Sie statt des Therapieballs einen Wasserball, Ballon oder extragroßen Plastikball.
- Die Kinder treiben gemeinsam einen Wasserball über das Tischende.

Schwierige Variante
- Markieren Sie mit Klebeband ein großes Viereck auf dem Boden und legen Sie den Therapieball hinein. Die Kinder müssen den Ball zusammen aus dem Viereck schießen, indem sie ihn mit Wollknäueln bewerfen.
- Geben Sie den Kindern nur Wollknäuel (keine Schwimmnudeln).
- Platzieren Sie den Ball auf einem Karton oder einem anderen erhöhten Untergrund. Die Kinder müssen den Ball zusammen durch das Bewerfen mit Wollknäueln zum Runterfallen bringen.

Abb. 3.2 Die Kinder bleiben an ihrem Platz und schlagen den Ball, wenn er an ihnen vorbeikommt.

Informelle Beurteilungsfragen

- Kann das Kind mit der Schwimmnudel eine adäquate Körperhaltung zum Schlagen einnehmen?
- Trifft es beim Schlagen den Therapieball?

Schlag den Ballon!

Primärer Trainingsbereich
Augen-Hand-Koordination.

Weiterer Trainingsbereich
Treffen; einen Ballon mit den Augen verfolgen.

Ziel der Übung
Einen herabhängenden Ballon mit einem bestimmten Körperteil oder Gegenstand treffen.

Materialien
Großer Ballon (am besten Punch-Ballon); Fäden; ein Raum mit niedriger Decke, ein Türrahmen oder einen Balken, woran der Ballon aufgehängt werden kann.

Vorbereitung
Blasen Sie den Ballon auf und befestigen Sie ihn mit einem Faden an Decke, Türrahmen oder Balken. Wählen Sie Fadenlänge und Ballongröße so, dass der Ballon etwa in Augenhöhe des Kindes hängt. Für mehrere Mitspieler hängen Sie mehrere Ballons auf.

Durchführung
1. Das Kind sitzt oder steht vor dem hängenden Ballon.
2. Es berührt den Ballon mit der Hand, wodurch dieser sich vom Körper fort bewegt.
3. Fordern Sie das Kind verbal dazu auf, den Ballon nach rechts, links, vorne oder hinten zu schlagen.

Einfache Variante
- Die Kinder sollen den Ballon mit dem Kopf anstoßen.
- Hängen Sie den Ballon niedriger, um machen Kindern ein größeres Erfolgserlebnis zu verschaffen.
- Bewegen Sie den Ballon nach links und rechts bzw. nach vorne und hinten, während das Kind ihm mit den Augen, dem Kopf oder der Hand folgt.

Schwierige Variante
- Hängen Sie den Ballon höher, sodass das Kind sich strecken muss, um den Ballon zu treffen.
- Die Kinder sollen den Ballon mit einer Schwimmnudel oder einem Schläger treffen (➤ Abb. 3.3).

Informelle Beurteilungsfragen
- Kann das Kind den Ballon mit der offenen Hand oder dem Kopf wenigstens einmal treffen?
- Trifft es den Ballon regelmäßig und demonstriert es dabei ein angemessenes Timing?

Abb. 3.3 Die Ballons hängen in verschiedenen Höhen, um den unterschiedlichen Fähigkeiten der Kinder zu entsprechen.

Wasserballgolf

Primärer Trainingsbereich
Augen-Hand-Koordination.

Weiterer Trainingsbereich
Treffen; Zielen, Kraft, Präzision.

Ziel der Übung
Einen Wasserball durch einen Golfschwung mit einer Schwimmnudel in ein markiertes Ziel befördern.

Materialien
Schwimmnudel oder Schläger; Wasserball; Hula-Hoop-Reifen.

Vorbereitung
Schaffen Sie einen kleinen Golfplatz, indem Sie Hula-Hoop-Reifen frei auf dem Spielfeld verteilen. Nummerieren Sie die Reifen von 1 bis 10 (verwenden Sie je nach Fähigkeit der Kinder mehr oder weniger Reifen). Die Reifen stellen die Golflöcher dar. Als Abschlagpunkt für jedes „Loch" setzen Sie im Abstand von etwa 7,5 m zu dem Reifen eine Markierung durch einen Kegel oder in Form einer Linie auf den Boden.

Durchführung
1. Das Kind steht am Abschlagplatz für ein „Loch". (Wenn Sie mit mehreren Kindern spielen, platzieren Sie sie an verschiedenen Abschlagstellen).
2. Die Kinder treiben den Ball mithilfe der Schwimmnudeln voran und versuchen, ihn mit möglichst wenigen Schlägen in das markierte Feld zu bringen (➤ Abb. 3.4).
3. Wenn das Kind den Ball in den Hula-Hoop-Ring gespielt hat, geht es zum nächsten Abschlagplatz.

Einfache Variante
• Zählen Sie nicht die für die Aufgabe benötigten Schläge.
• Verringern Sie den Abstand zwischen Abschlagplatz und Reifen.
• Legen Sie weniger Reifen aus.

Schwierige Variante
• Die Kinder merken sich die Anzahl der benötigten Schläge pro Reifen und errechnen abschließend die Gesamtzahl der Schläge.
• Legen Sie mehr Reifen aus.
• Vergrößern Sie den Abstand zwischen Abschlagplatz und Reifen.
• Machen Sie das Ziel kleiner oder schwerer erreichbar.
• Verwenden Sie kleinere Bälle.

Informelle Beurteilungsfragen
• Schlägt das Kind den Ball in Richtung des Hula-Hoop-Reifens?
• Kann es angeben, wie viele Schläge es bis zum Ziel benötigt hat?

Abb. 3.4 Das Mädchen versucht, den Ball mithilfe der Schwimmnudel in möglichst wenigen Schlägen in das markierte Feld zu bringen.

Sandsäckchen-Shuffleboard

Primärer Trainingsbereich
Augen-Hand-Koordination.

Weiterer Trainingsbereich
Zielen, Kraft, Präzision.

Ziel der Übung
Ein Sandsäckchen in ein dreieckiges Spielfeld werfen.

Materialien
Sandsäckchen, Tisch, buntes Klebeband.

Vorbereitung
Markieren Sie mit Klebeband auf einem Tisch ein großes Dreieck und unterteilen Sie es in drei oder mehr Unterabschnitte. Vergeben Sie eine Punktzahl für jedes Feld (z. B. 30 für die kleine Dreiecksspitze, 20 für das mittlere Feld und 10 für die große Dreiecksbasis).

Durchführung
1. Das Kind sitzt an dem Tischende, das der Spitze gegenüber liegt.
2. Nun wirft es das Sandsäckchen in Richtung Dreieck und versucht, einen möglichst hohen Punktwert zu erzielen. (➤ Abb. 3.5)

Einfache Variante
- Das Kind sitzt näher am Dreieck.
- Geben Sie dem Kind einen Gegenstand, mit dem es das Sandsäckchen nach vorn bewegen kann.
- Verwenden Sie einen kleinen Ball, der gut auf dem Tisch rollt und lassen Sie das Kind Punkte sammeln, wenn der Ball ein Feld passiert, ohne dass er darin liegen bleibt.
- Vergrößern Sie das Dreieck und die einzelnen Felder.

Schwierige Variante
- Verkleinern Sie das Dreieck und die Unterabschnitte.
- Legen Sie mehrere Dreiecke an, sodass die Kinder sich bewusst positionieren müssen, um das Sandsäckchen in Richtung des ausgewählten Dreiecks zu schleudern.
- Vergrößern Sie den Abstand zum Dreieck.
- Lassen Sie die Kinder die erzielten Punkte zusammenzählen.

Informelle Beurteilungsfragen
- Kann das Kind das Sandsäckchen in Richtung Dreieck befördern?
- Wählt es die richtige Kraft und Richtung, damit das Sandsäckchen genau in dem markierten Dreieck landet?

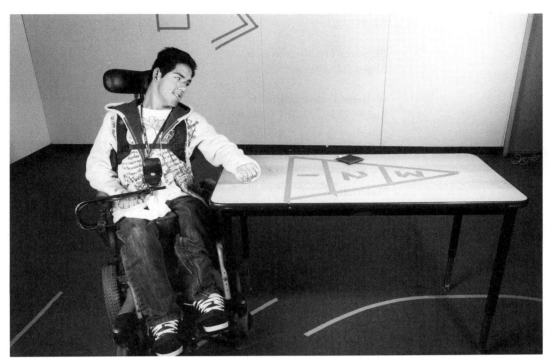

Abb. 3.5 Der Junge wirft das Sandsäckchen in Richtung Dreieck, um einen möglichst hohen Punktwert zu erzielen.

Kreiskegeln

Primärer Trainingsbereich
Augen-Hand-Koordination.

Weiterer Trainingsbereich
Rollen; Zielen, Kraft, Präzision.

Ziel der Übung
Kegel umwerfen, indem man einen Ball vorwärtsrollt.

Materialien
Etwa 10 Kegel oder 10 leere Plastikflaschen; großer Ball.

Vorbereitung
Die Kinder sitzen entweder auf dem Boden oder im Rollstuhl im Kreis. Stellen Sie die Kegel in der Mitte des Kreises zusammen.

Durchführung
1. Ein Mitspieler beginnt, indem er den Ball vorwärtsrollt, um die Kegel umzuwerfen.
2. Jetzt versucht der nächste Spieler, die stehen gebliebenen Kegel umzuwerfen (➤ Abb. 3.6). Dies wird wiederholt, bis alle Kegel umgeworfen sind.
3. Lassen Sie die Kinder mit höherem Funktionsniveau die Kegel in der Kreismitte wieder aufstellen und beginnen Sie das Spiel von vorne.

Einfache Variante
• Verwenden Sie einen größeren Ball.
• Die Kinder können den Ball auch aus ihrem Schoß oder von einer Rampe herunter spielen.
• Setzen Sie die Kinder näher an die Kegel heran.

Schwierige Variante
• Lassen Sie die Kinder im Stehen kegeln.
• Achten Sie auf die richtige Haltung: Der gegenseitige Fuß wird vorgesetzt, die Knie werden gebeugt und die Augen auf das Ziel gerichtet.
• Setzen Sie mehrere Bälle ein.
• Lösen Sie die Gruppe auf und lassen Sie die Kinder einzeln kegeln.

Informelle Beurteilungsfragen
• Bewegt das Kind den Ball in Richtung der Kegel?
• Kann es den Ball aus einer angemessenen Entfernung losrollen?

Abb. 3.6 Die Kinder versuchen, die stehen gebliebenen Kegel umzuwerfen.

Kreisfußball

Primärer Trainingsbereich
Augen-Hand-Koordination.

Weiterer Trainingsbereich
Mit dem Fuß schießen; Zielen, Kraft, Präzision.

Ziel der Übung
Den Ball nur mit den Füßen spielen.

Materialien
Großer Ball; ein Stuhl pro Spieler.

Vorbereitung
Stellen Sie die Stühle im Kreis auf.

Durchführung
1. Die Kinder sitzen im Kreis auf den Stühlen.
2. Zu Beginn stehen Sie in der Kreismitte. Rollen Sie den Ball einzeln zu jedem Kind und lassen Sie ihn sich mit den Füßen zurückspielen. Wiederholen Sie dies, bis alle Kinder herausgefunden haben, wie es am besten funktioniert.
3. Verlassen Sie nun den Kreis. Die Kinder sollen den Ball jetzt untereinander hin und her spielen und ihn in Bewegung halten, ohne die Hände zu benutzen (➤ Abb. 3.7).

Einfache Variante
- Erlauben Sie den Kindern, den Ball vor dem Treten mit ihren Händen unter Kontrolle zu bringen.
- Die Kinder dürfen beide Füße benutzen.
- Kinder im Rollstuhl können den Ball durch schnelles Vorrollen spielen.
- Stellen Sie Kegel in die Kreismitte und lassen Sie die Kinder auf die Kegel zielen.

Schwierige Variante
- Lassen Sie die Kinder in Krabbelstellung spielen (auf allen vieren auf dem Boden, Bauch nach unten).
- Ein Kind nennt den Namen eines Mitspielers und spielt ihm dann den Ball zu.
- Fordern Sie die Kinder heraus: „Wie oft hintereinander könnt ihr den Ball spielen?".
- Verwenden Sie einen kleineren Ball (Fußballgröße).
- Spielen Sie mit mehreren Bällen.

Informelle Beurteilungsfragen
- Kann das Kind den Ball mit den Füßen treffen?
- Kann es die ganze Übung hindurch den Ball nur mit den Füßen spielen?

Abb. 3.7 Die Kinder spielen sich den Ball zu.

Murmelbahn

Primärer Trainingsbereich
Augen-Hand-Koordination.

Weiterer Trainingsbereich
Zusammenarbeit.

Ziel der Übung
Eine Murmel durch den Raum transportieren, indem sie über halbe Pappröhren möglichst schnell von einem Mitspieler an den anderen weitergegeben wird, ohne herunterzufallen.

Materialien
Pappröhren, der Länge nach durchgeschnitten (etwa 30 cm, z.B. von leeren Küchenpapier-Rollen); für jedes Kind eine Hälfte; Murmeln oder kleine, leichtläufige Bälle, die in die Röhren passen.

Vorbereitung
Wählen Sie ein großes, freies Gelände oder einen entsprechenden Raum.

Durchführung
1. Die Kinder stellen sich nebeneinander in etwa der gleichen Höhe auf. Wenn einige im Rollstuhl sitzen, setzen sich alle anderen auch, sonst stehen alle.
2. Jeder Mitspieler bekommt eine Pappröhre und hält sie mit beiden Händen vor seinem Körper, sodass beide Enden jeweils an die Pappröhren seiner Nachbarn stoßen.
3. Setzen Sie die Murmel beim ersten Kind in der Reihe in die Röhrenhälfte. Das Kind bewegt nun seine Hände, sodass die Kugel zum nächsten Mitspieler zu rollen beginnt. Dies wird wiederholt, bis die Kugel beim letzten Kind angelangt (➤ Abb. 3.8).
4. Wenn die Kugel herunterfällt, beginnen Sie wieder am Anfang.

Einfache Variante
- Führen Sie dem Kind die Hand.
- Legen Sie die Röhre in den Schoß des Kindes oder auf einen Tisch.

Schwierige Variante
- Stoppen Sie die Zeit.
- Um eine längere Strecke zu schaffen, läuft das Kind, bei dem die Kugel gerade durchgelaufen ist, schnell zum anderen Ende der Reihe und stellt sich dort wieder auf.
- Lassen Sie den vorherigen Punkt von nur zwei Mitspielern ausführen und geben Sie dabei eine bestimmte zu überbrückende Distanz vor.

Abb. 3.8 Der Junge hält seine Pappröhre so, dass die Kugel zum nächsten Mitspieler rollt.

Informelle Beurteilungsfragen
• Kann das Kind die Pappröhre richtig halten?
• Kann es die Murmel wie vorgesehen an ein anderes Kind übergeben?

Schleuderballgolf

Primärer Trainingsbereich
Augen-Hand-Koordination.

Weiterer Trainingsbereich
Werfen; Zielen, Kraft, Präzision.

Ziel der Übung
Den Schleuderball von unten nach vorn werfen, um ein vorgegebenes Ziel zu treffen.

Materialien
Schleuderball; Körbe oder andere Ziele; Kegel. Sie können die Schleuderbälle ganz einfach selbst aus einem Tennisball, einem alten Tuch und etwas Isolierband herstellen:
- Schneiden Sie dazu das Tuch in Streifen (etwa 90 × 7,5 cm).
- Kleben Sie einen Stoffstreifen am Tennisball fest. Dann wickeln Sie das Isolierband ganz um den Ball, bis er völlig bedeckt ist, wobei der größte Teil des Stoffstreifens frei bleibt.

Vorbereitung
Richten Sie das Spielfeld wie einen Golfplatz ein, indem Sie geeignete Körbe oder andere Ziele als „Löcher" aufstellen. Nummerieren Sie die Ziele von 1 bis 10 (die Anzahl richtet sich nach dem Leistungsniveau das Mitspieler). Im Abstand von etwa 7,5 m zum Ziel ziehen Sie eine Linie oder platzieren einen Kegel als Abwurfpunkt.

Durchführung
1. Das Kind steht an einem Abwurfpunkt. Bei mehreren Mitspielern kann jeder an einem anderen Loch beginnen.
2. Nun wirft der Spieler den Schleuderball von unten nach vorne Richtung Ziel (➤ Abb. 3.9).
3. Zählen Sie, wie viele Würfe das Kind benötigt, bis es das Ziel erreicht.
4. Wenn das Kind das Ziel erreicht hat, geht es zum nächsten Abwurfpunkt und wiederholt die Übung.

Einfache Variante
- Zählen Sie nicht die benötigten Würfe.
- Verringern Sie den Abstand zwischen Abwurfpunkt und Ziel.
- Legen Sie weniger „Löcher" aus.
- Lassen Sie die Kinder den Schleuderball eher in einer Vor- und Rückwärtsbewegung beschleunigen (wie ein Pendel), anstatt durch eine Kreisbewegung.

Schwierige Variante
- Lassen Sie die Kinder die Anzahl der Würfe bei jedem Loch zählen und später die Gesamtzahl der Würfe addieren.

Abb. 3.9 Das Mädchen pendelt den Schleuderball und visiert das Ziel an.

- Legen Sie mehr „Löcher" aus.
- Vergrößern Sie den Abstand zwischen Abwurfpunkt und Ziel
- Machen Sie die Ziele kleiner oder schwieriger erreichbar.

Informelle Beurteilungsfragen
- Kann das Kind den Schleuderball richtig werfen?
- Kann es den Schleuderball in Richtung Ziel werfen?

Büchsenwerfen

Primärer Trainingsbereich
Augen-Hand-Koordination.

Weiterer Trainingsbereich
Werfen; Rollen; Zielen, Kraft, Präzision.

Ziel der Übung
Einen Ball auf Ziele in unterschiedlicher Entfernung werfen oder rollen.

Materialien
Sandsäckchen oder kleine Bälle; 10 bis 20 leere Dosen oder unterschiedlich große Plastikflaschen.

Vorbereitung
Stellen Sie die Büchsen oder Flaschen auf einem großen Spielfeld in einer Linie auf. Beginnen Sie in einem Abstand von 1,5 m und vergrößern Sie die Entfernung bis auf 3 m. Malen Sie Punktwerte auf die Objekte, wobei die kleineren einen höheren Punktwert erhalten.

Durchführung
1. Platzieren Sie die Kinder so, dass sie die Büchsen oder Flaschen vor sich haben.
2. Verteilen Sie die Sandsäckchen oder Bälle an die Mitspieler, die sie in Richtung der Objekte werfen oder rollen (➤ Abb. 3.10).
3. Die Sandsäckchen müssen die Objekte berühren, um zu einer Wertung zu führen. Die Objekte müssen nicht umgeworfen werden.

Einfache Variante
- Verwenden Sie größere Objekte und ein größeres Sandsäckchen oder einen größeren Ball.
- Setzen Sie mehr Ziele, um die Erfolgsquote zu erhöhen.
- Stellen Sie die Büchsen oder Flaschen enger zusammen.

Schwierige Variante
- Lassen Sie die Kinder die Punkte selber addieren.
- Setzen Sie weniger Ziele ein, sodass sie schwieriger zu treffen sind.
- Lassen Sie die Kinder aus einer größeren Entfernung werfen.

Informelle Beurteilungsfragen
- Kann das Kind das Sandsäckchen oder den Ball in Richtung Ziel schleudern oder rollen?
- Hat es das richtige Ziel im Blick und wendet es eine angemessene Kraft und Präzision an?

Abb. 3.10 Leere Dosen sind ein gutes Ziel, manche Kinder mögen das Geräusch der umfallenden Büchsen besonders gerne.

3

Platz da!

Primärer Trainingsbereich
Augen-Hand-Koordination.

Weiterer Trainingsbereich
Rollen; Zielen, Kraft, Präzision.

Ziel der Übung
Einen großen Ball durch Würfe mit einem kleinen Ball aus einem vorgegebenen Feld treiben.

Materialien
Wasserbälle; Klebeband zur Markierung eines Felds; kleine, gut rollende Bälle; „Kegelbahn" (wenn verfügbar).

Vorbereitung
Markieren Sie auf dem Boden einen Kreis mit einem Durchmesser von etwa 9 m. Legen Sie einen Wasserball in die Mitte des Kreises, die Kinder stehen außerhalb des Kreises.

Durchführung
1. Die Mitspieler rollen nacheinander ihren kleinen Ball gegen den Wasserball in der Kreismitte.
2. Sie machen so lange weiter, bis der große Ball aus dem markierten Gebiet gerollt ist.
3. Legen Sie mehrere Wasserbälle in die Kreismitte, die Kinder müssen alle hinausbefördern.

Einfache Variante
- Verwenden Sie eine „Kegelbahn", um den Kindern das Rollen des Balls zu erleichtern.
- Führen Sie dem Kind die Hand (körperliche Unterstützung).
- Die Kinder können den Ball auch von ihrem Schoß herunterschlagen.
- Die Mitspieler können selber angeben, wie sie positioniert werden wollen, um den Wasserball zu treffen.

Schwierige Variante
- Lassen Sie die Kinder eine Kegelposition einnehmen (d. h. den Ball knapp über dem Boden losrollen).
- Die Kinder können Regeln entwickeln, wie der Ball aus dem Kreis herausbefördert werden soll (z. B. alle in einer Reihe, mit gebeugten Knien).
- Mitspieler mit einem höheren Funktionsniveau können anderen helfen.
- Setzen Sie weniger Ziele ein, sodass sie schwieriger zu treffen sind.
- Lassen Sie die Kinder aus einer größeren Entfernung werfen (> Abb. 3.11).

Abb. 3.11 Hier spielen die Kinder eine schwierige Variante: Sie werfen alle gleichzeitig ihren Ball, was die Übung lebhafter werden lässt.

Informelle Beurteilungsfragen
- Kann das Kind den größeren Ball mit dem kleinen treffen?
- Kann es den kleinen Ball rollen?

Röhrenboccia

Primärer Trainingsbereich
Augen-Hand-Koordination.

Weiterer Trainingsbereich
Fassen und Loslassen; Zielen, Kraft, Präzision.

Ziel der Übung
Einen Ball mithilfe eines Rohrs möglichst nah an ein bestimmtes Ziel bringen.

Materialien
Kleiner Ball oder Murmeln; ein etwas größerer oder andersfarbiger Ball oder Murmel (als Ziel); Pappröhre (z. B. zum Postversand).

Vorbereitung
Suchen Sie ein ebenes Spielfeld ohne Hindernisse. Legen Sie das Ziel (die zweite Murmel oder den größeren Ball) in die Mitte des Feldes.

Durchführung
1. Das Kind sitzt an einem Ende des Feldes in einem Stuhl.
2. Halten Sie das obere Ende der Röhre etwa in Augenhöhe vor das Kind, das untere Ende ist knapp über dem Boden (➤ Abb. 3.12).
3. Lassen Sie das Kind formulieren, wie Sie das Rohr halten sollen, um es möglichst günstig zum Ziel hin auszurichten.
4. Wenn das Rohr nach den Vorstellungen des Kindes ausgerichtet ist, lässt es die Murmel durch das Rohr fallen.
5. Ziel ist es, die Murmel möglichst nahe ans Ziel zu bringen.

Einfache Variante
- Wenn das Kind nicht sprechen kann, stellen Sie ihm Ja-/Nein-Fragen, auf die es mit einer Kopfbewegung antworten kann, um das Rohr in die gewünschte Position zu bringen.
- Führen Sie dem Kind die Hand, wenn es die Murmel in das Rohr gibt.
- Fragen Sie das Kind, ob die Murmel nah am Ziel oder weit entfernt ist.

Schwierige Variante
- Geben Sie dem Kind mehrere Versuche, die Murmel durch das Rohr zu rollen.
- Besprechen Sie die Positionierung der Röhre durch Versuch und Irrtum.
- Lassen Sie das Kind die Entfernung zwischen der Murmel und dem Ziel bestimmen.

Informelle Beurteilungsfragen
- Kann das Kind das Rohr auf das Ziel ausrichten?
- Kann es die Distanz zwischen der Murmel und dem Ziel erkennen?

Abb. 3.12 Bei diesem Kind befindet sich die Röhre unterhalb des Augenniveaus, um den Bewegungsmöglichkeiten seines Armes Rechnung zu tragen.

Rollstuhl-Duell

Primärer Trainingsbereich
Augen-Hand-Koordination.

Weiterer Trainingsbereich
Treffen; Orientierung im Raum.

Ziel der Übung
Einen Ball möglichst schnell von einem Kegel herunterschlagen.

Materialien
Schwimmnudeln (lang); Kegel (mindestens zwei); mittelgroße Bälle (mindestens zwei).

Vorbereitung
Stellen Sie in einem großen Spielfeld ohne Hindernisse zwei Kegel in einem Abstand von etwa 1,5 m auf und legen Sie jeweils einen Ball auf die Spitze.

Durchführung
1. Es müssen mindestens zwei Kinder an dieser Übung teilnehmen.
2. Platzieren Sie die zwei Kinder an entgegensetzten Enden des Spielfelds, die Kegel mit den Bällen stehen in der Mitte.
3. Weisen Sie jedem Kind einen Ball zu.
4. Geben Sie jedem Mitspieler eine Schwimmnudel.
5. Auf Ihr Zeichen hin bewegen sich die beiden Kinder gleichzeitig in ihren Rollstühlen vorwärts. Ziel ist es, als erster mit der Schwimmnudel den eigenen Ball vom Kegel zu schlagen (➤ Abb. 3.13).

Einfache Variante
- Wenn das Kind seine Hände nicht einsetzen kann, können Sie die Schwimmnudel an der Seite des Rollstuhls befestigen, sodass der Großteil der Schwimmnudel nach vorne hinausragt.
- Lassen Sie eine Hilfsperson den Rollstuhl schieben.

Schwierige Variante
- Gehen Sie wie beschrieben vor, aber stellen Sie mehrere Kegel mit Bällen für jedes Mitspieler auf, die er alle herunterschlagen muss. Bestimmen Sie einen Schiedsrichter, der mit einer Fahne anzeigt, wer der Gewinner ist.
- Führen Sie das Ganze mit mehreren Kindern durch. Stellen Sie viele Kegel mit Bällen in das Spielfeld. Jedem Spieler wird jetzt eine Farbe für die Bälle zugewiesen, die er herunterzuschlagen muss.

Informelle Beurteilungsfragen
- Kann das Kind den Ball mit der Schwimmnudel herunterschlagen?
- Kann es sich sicher in dem ausgewiesenen Spielareal bewegen?

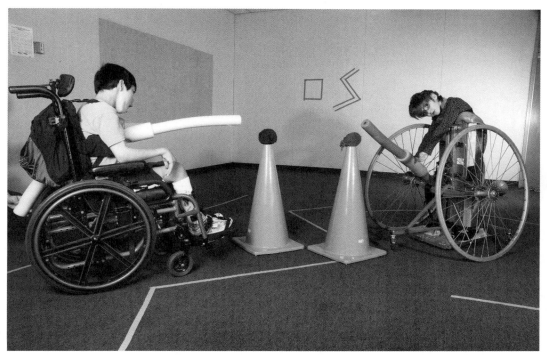

Abb. 3.13 Beide Spieler versuchen, möglichst schnell den eigenen Ball mit der Schwimmnudel vom Kegel zu schlagen.

3

Drei gewinnt

Primärer Trainingsbereich
Augen-Hand-Koordination.

Weiterer Trainingsbereich
Werfen; Zielen, Kraft, Präzision.

Ziel der Übung
Sandsäckchen in Hula-Hoop-Reifen werfen, sodass ein Muster von „Drei gewinnt" entsteht.

Materialien
Sandsäckchen (etwa neun); Hula-Hoop-Reifen.

Vorbereitung
Legen Sie die Hula-Hoop-Reifen zu einem „Drei-gewinnt"-Quadrat (3 Reihen zu je 3 Reifen) aus. Geben Sie ein Abwurfgebiet etwa 1,5 m von der untersten Reihe entfernt vor. Hier stellen sich die Kinder auf.

Durchführung
1. Platzieren Sie die Mitspieler an der Grundlinie vor dem Spielfeld und geben Sie jedem ein Sandsäckchen in die Hand. Malen oder kleben Sie eine Linie auf den Boden oder benutzen Sie bunte Matten als Abwurfbereich.
2. Das Kind versucht, das Sandsäckchen in einen der Hula-Hoop-Ringe des „Drei-gewinnt"-Quadrats zu werfen (➤ Abb. 3.14).
3. Jeder Mitspieler wirft dann nacheinander weitere Sandsäckchen, bis ein Muster von drei Säckchen in einer Reihe (vertikal, horizontal oder diagonal) entstanden ist.

Einfache Variante
- Führen Sie dem Kind die Hand (körperliche Unterstützung).
- Bauen Sie das „Drei-gewinnt"-Quadrat auf einer höheren Ebene auf (z. B. ein Tisch).
- Bauen Sie das Spielfeld auf einer höheren Ebene auf und verwenden Sie Klebeband statt der Hula-Hoop-Reifen. Dann versuchen die Kinder, die Sandsäckchen in die markierten Felder zu schieben. Sie können hierzu auch Hockey-Pucks verwenden.
- Verwenden Sie zum Werfen ein größeres, leichteres oder besser greifbares Objekt.

Schwierige Variante
- Lassen Sie die Kinder aus einer größeren Entfernung werfen.
- Verwenden Sie kleinere Reifen.
- Spiele Sie Variationen von „Drei gewinnt" wie z. B. „Vier gewinnt" mit mehr Reifen.

Abb. 3.14 Der Junge wirft ein Sandsäckchen in einen Hula-Hoop-Ring des „Drei-gewinnt"-Quadrats.

- Geben Sie vor, welche Reihe das Kind werfen soll: vertikal, horizontal oder diagonal.
- Lassen Sie die Kinder gegeneinander spielen.

Informelle Beurteilungsfragen
- Kann das Kind das Sandsäckchen in Richtung des „Drei-gewinnt"-Quadrates werfen?
- Kann es das Muster von „Drei gewinnt" erkennen?

Wollboccia

Primärer Trainingsbereich
Augen-Hand-Koordination.

Weiterer Trainingsbereich
Werfen; Rollen; Zielen, Kraft, Präzision.

Ziel der Übung
Zusammenarbeit im Team beim Werfen eines Sandsäckchens und anschließendem möglichst nahem Heranrollen eines Balls an das Sandsäckchen.

Materialien
Wollknäuel (für jeden Mitspieler eines); Sandsäckchen (eines für je zwei Spieler).

Vorbereitung
Sorgen Sie für ein großes Spielfeld mit glatter Oberfläche ohne Hindernisse.

Durchführung
1. Lassen Sie die Kinder Pärchen bilden. Helfen Sie unter Umständen bei der Partnerwahl.
2. Jeder Spieler bekommt ein Wollknäuel, jedes Pärchen ein Sandsäckchen.
3. Ein Kind wirft das Sandsäckchen an eine beliebige Stelle auf dem Spielfeld (nah oder weit).
4. Dann versuchen die Kinder, ihre Wollknäuel möglichst nah an das Sandsäckchen heran zu rollen (➤ Abb. 3.15).
5. Wer sein Knäuel am nächsten herangerollt hat, beginnt die nächste Runde damit, das Sandsäckchen irgendwo hin zu werfen.
6. Wenn die Kinder sich uneins darüber sind, welches Knäuel näher liegt, lassen Sie die Entfernung zwischen Knäuel und Säckchen mit den Füßen abmessen.

Einfache Variante
• Die Kinder können die Bälle auch aus ihrem Schoß in Richtung des Sandsäckchens schubsen oder herunterrollen lassen.
• Lassen Sie die Kinder eine Gruppe bilden und in einem weiten Kreis sitzen. Jeder Spieler rollt ein Wollknäuel und versucht, es möglichst nahe an das Sandsäckchen in der Kreismitte zu bringen.
• Erlauben Sie den Einsatz von Rampen oder Papprohren, um den Ball rollen zu lassen.

Schwierige Variante
• Hierbei lassen sich Schrittzähler hervorragend einsetzen!
• Besprechen Sie das Zielen, die Kraft und die Präzision.
• Bestimmen Sie einen Schiedsrichter, der im Zweifelsfall entscheidet, welcher Ball näher am Sandsäckchen liegt.

Abb. 3.15 Die Kinder versuchen, ihre Wollknäuel möglichst nah an das Sandsäckchen heran zu rollen.

Informelle Beurteilungsfragen
- Hält das Kind die wechselnden Aufgaben richtig ein?
- Kann es entscheiden, welcher Ball näher am Sandsäckchen liegt?

3

Zielsprühen

Primärer Trainingsbereich
Augen-Hand-Koordination.

Weiterer Trainingsbereich
Greifen und Loslassen; Zielen, Kraft, Präzision.

Ziel der Übung
Mit einer Sprühflasche einen Tischtennisball von einer Wasserflasche oder von einem Kegel herunterschießen.

Materialien
Sprühflaschen; Tischtennisball; Plastikflaschen oder Kegel.

Vorbereitung
Füllen Sie die Sprühflasche mit Wasser. Legen Sie den Tischtennisball auf die Plastikflaschen oder Kegel und stellen Sie das Ganze auf einen Tisch oder in Augenhöhe.

─────────────── **Sicherheitshinweis** ───────────────

Legen Sie Handtücher unter die Flaschen, um das Wasser aufzufangen, oder verlegen Sie die Übung auf eine Wiese, um einen nassen und rutschigen Untergrund zu vermeiden.

Durchführung
1. Das Kind mit der Sprühflasche steht in etwa 1 m Entfernung vor dem Ziel.
2. Es sprüht nun auf Ihr Zeichen Wasser auf den Tischtennisball, um ihn von der Flasche herunterzuschießen.
3. Stellen Sie mehrere Flaschen mit Tischtennisbällen für mehrere Versuche oder für mehrere Spieler auf (> Abb. 3.16).

Einfache Variante
- Führen Sie das Kind näher an das Ziel heran.
- Stellen Sie die Sprühflasche so ein, dass eher ein einzelner Strahl herauskommt, als dass Wasser gesprüht wird.
- Die Kinder können die Bälle mit der Hand, einem anderen Körperteil oder mithilfe eines Gegenstands herunterstoßen.

Schwierige Variante
- Stellen Sie mehrere Flaschen oder Kegel mit Tischtennisbällen auf, welche die Kinder möglichst schnell heruntersprühen sollen.
- Lassen Sie die Kinder sich einander jagen.

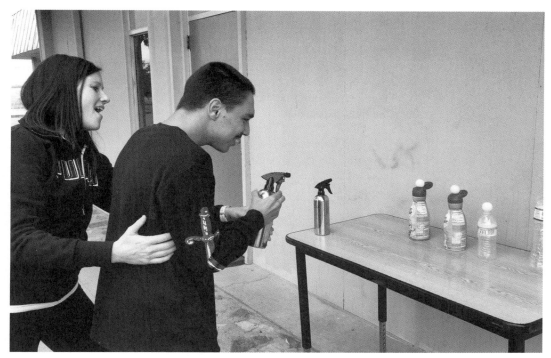

Abb. 3.16 Der Junge versucht, die Tischtennisbälle von mehreren Flaschen zu sprühen.

Informelle Beurteilungsfragen
- Kann das Kind den Tischtennisball herunterschießen?
- Kann es die Sprühflasche so einstellen, dass ein einzelner Strahl herauskommt?

Seilball

Primärer Trainingsbereich
Augen-Hand-Koordination.

Weiterer Trainingsbereich
Die Mitte passieren.

Ziel der Übung
Einen Ball mit einer Hand von einer Seite über die mittlere Körperachse zur anderen Seite weitergeben, um den Ball an einen anderen Spieler weiterzureichen.

Materialien
Wiffle-Ball; Schnur.

Vorbereitung
Fädeln Sie die Schnur durch den Wiffle-Ball (wie beim Auffädeln einer Perle). Binden Sie die Schnur an zwei Punkten fest, wie z. B. am Türknauf und an einem Stuhl.

Durchführung
1. Platzieren Sie das Kind so, dass es den Ball vor sich in Augenhöhe und in Armreichweite hat.
2. Das Kind soll den Ball mit der dominanten Hand zur anderen Körperseite führen (also von rechts nach links oder von links nach rechts).

Einfache Variante
- Führen Sie dem Kind die Hand (körperliche Unterstützung), bis es das Vorgehen verstanden hat.
- Lassen Sie das Kind den Ball mit den Augen beobachten, während ein anderer Mitspieler den Ball bewegt.

Schwierige Variante
- Die Kinder sitzen im Kreis und halten die Schnur. Sie schieben den Ball an der Schnur weiter zur nächsten Person, bis der Kreis vollendet ist (➤ Abb. 3.17).
- Die Kinder spielen eine Art „Reise nach Jerusalem": Wenn die Musik stoppt, muss der Spieler, der den Ball gerade hat, etwas tun, was seinem Funktionsniveau entspricht, wie etwa einige Male in die Hände klatschen, ein Lied singen, sich einmal um sich selbst drehen usw.
- Verwenden Sie mehrere Wiffle-Bälle.

Informelle Beurteilungsfragen
- Kann das Kind den Ball über seine Mittelachse bewegen?
- Kann es voraussehen, von welcher Seite der Ball kommt?

Abb. 3.17 Die Kinder sitzen im Kreis und schieben den Ball an der Schnur weiter zum Nachbarn.

3

Swing-Bowling

Primärer Trainingsbereich
Augen-Hand-Koordination.

Weiterer Trainingsbereich
Zielen, Kraft, Präzision.

Ziel der Übung
Ein an einer Schnur hängender Ball wird auf Kegel geworfen, um diese umzustoßen.

Materialien
Etwa 6 m langes Seil; Fußball; Kissenbezug; Kegel oder Wasserflaschen aus Kunststoff, die leicht umgeworfen werden können; Deckenhaken oder Basketballkorb.

Vorbereitung
Stecken Sie den Ball in den Kissenbezug und binden Sie dann eine Kordel um den zugeknoteten Bezug. Befestigen Sie das andere Seilende an einem Deckenhaken oder an dem Rand eines Basketballkorbs, sodass der Ball etwa 30 cm über dem Boden hängt. Stellen Sie die Kegel nahe zusammen direkt hinter den Ball.

Durchführung
1. Das Kind steht oder sitzt etwa 3 m entfernt mit Blickrichtung zum Ball und zu den Kegeln.
2. Es hält den Ball in beiden Händen oder im Schoß.
3. Auf Ihr Kommando („Los!") lässt das Kind den Ball in einer Vorwärtsbewegung los, um möglichst viele Kegel umzuwerfen (➤ Abb. 3.18).

Einfache Variante
• Führen Sie dem Kind die Hand (körperliche Unterstützung).
• Verwenden Sie einen leichteren Ball.
• Stellen Sie mehr Kegel auf.

Schwierige Variante
• Die Kinder sitzen in verschiedenen Winkeln zu den Kegeln.
• Verteilen Sie die Kegel über ein größeres Gebiet, sodass das Kind zielen muss.

Informelle Beurteilungsfragen
• Kann das Kind den Ball nach vorne in Richtung der Kegel bewegen?
• Kann es eine geeignete Position finden, aus der es möglichst viele Kegel umwerfen kann?

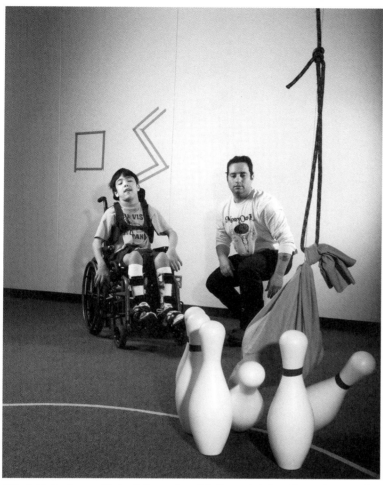

Abb. 3.18 Der Junge stößt den Ball von seinem Schoß, um möglichst viele Kegel umzuwerfen.

4 Übungen zur Orientierung im Raum

Die 12 Übungen dieses Kapitels konzentrieren sich auf die sichere Bewegung innerhalb bestimmter Grenzen, ohne dabei mit anderen zusammenzustoßen. Bei vielen Übungen können sich die Kinder frei bewegen, während sie spezifische Bewegungsaufgaben oder Vorgaben erfüllen (z. B. anhalten, gehen, herunter, umher, herauf). Bei anderen Übungen geht es ums Jagen, Wegrennen und Ausweichen. Diese Bewegungsfertigkeiten werden oft bei mannschaftlichen Fang- und Abschlagspielen eingesetzt, bei denen eine Person entweder eine andere abschlagen muss oder verhindern soll, selbst abgeschlagen zu werden.

Knallfolientanz

Primärer Trainingsbereich
Orientierung im Raum.

Weiterer Trainingsbereich
Kreative Bewegungen; Rhythmus und Taktgefühl.

Ziel der Übung
Im Takt der Musik die Blasen der Folie durch Stampfen mit dem Fuß oder mit einem bestimmten Körperteil zerplatzen lassen.

Materialien
Etwa 4–5 m Knallfolie (am besten mit großen Blasen); Musik oder ein Schlaginstrument (irgendein Taktgeber).

Vorbereitung
Legen Sie die Knallfolie in einem großen Feld ohne Hindernisse aus.

Durchführung
1. Die Kinder stehen am Rand der Knallfolie (mit oder ohne Schuhe).
2. Erklären Sie, wie man sich im Takt der Musik oder des Schlagzeugs bewegt.
3. Auf Ihr Startzeichen hin stampfen die Kinder im Takt über die Knallfolie (➤ Abb. 4.1).
4. Fordern Sie dann die Kinder auf, die Blasen mit einem anderen Körperteil zum Platzen zu bringen.

Einfache Variante
- Die Kinder können sich mit Rollstuhl, Gehwagen oder Gehstützen über die Folie bewegen.
- Legen Sie die Knallfolie auf einen Tisch, die Kinder können die Blasen dann mit den Händen platzen lassen.
- Legen Sie den Schwerpunkt darauf, dass die Kinder die Blasen zum Zerplatzen bringen, und nicht, ob sie es im Takt der Musik machen.

Schwierige Variante
- Wählen Sie einen schnelleren Rhythmus, sodass sich die Kinder schneller bewegen müssen.
- Legen Sie einen Ablauf fest (z. B. erst mit dem rechten Fuß stampfen, dann mit dem linken, mit der rechten Hand und dann mit der linken).

Informelle Beurteilungsfragen
- Kann das Kind die Blasen auf der Knallfolie mit den vorgegebenen Körperteilen zerplatzen lassen?
- Kann es die Blasen zum Rhythmus der Musik platzen lassen?

Abb. 4.1 Die Kinder lassen die Blasen unter ihren Füßen zerplatzen.

Stehaufkegel

Primärer Trainingsbereich
Orientierung im Raum.

Weiterer Trainingsbereich
Jagen, Wegrennen, Ausweichen; Bewegungsmuster.

Ziel der Übung
Kegel unter Zeitdruck umstoßen oder aufstellen.

Materialien
Etwa 20 Kegel; halbierte Schwimmnudeln.

Vorbereitung
Verteilen Sie die Kegel zufällig auf dem Spielfeld. Schneiden Sie die Schwimmnudeln in der Mitte durch.

Durchführung
1. Die Kinder stellen sich auf einer Seite des Spielfelds auf. Markieren Sie eventuell einen Startpunkt, z. B. durch bunte Matten. Geben Sie jedem Mitspieler eine Schwimmnudelhälfte.
2. Auf Ihr Startsignal hin laufen die Kinder los und versuchen, alle Kegel im Spielfeld mit ihren Schwimmnudeln umzuhauen.
3. Wenn alle Kegel umgeworfen sind, laufen die Kinder zurück zu den Matten oder dem Startpunkt. Damit ist ein Durchgang abgeschlossen.
4. Jetzt stellen die Mitspieler ebenfalls auf Ihr Startzeichen hin alle Kegel wieder auf (➤ Abb. 4.2). Wenn alle aufgestellt sind und die Kinder an ihren Platz zurückgekehrt sind, ist auch diese Runde abgeschlossen.
5. Stoppen Sie die Zeiten und wiederholen Sie die Übung. Lassen Sie die Kinder versuchen, ihre eigene Zeit zu unterbieten.

Einfache Variante
- Verwenden Sie größere Kegel oder stellen Sie die Kegel erhöht auf Kästen oder Kisten.
- Nehmen Sie weniger Kegel.

Schwierige Variante
- Verwenden Sie mehr Kegel.
- Teilen Sie die Klasse und legen Sie Matten zu beiden Enden des Spielfelds aus. Verteilen Sie die Kegel wieder zufällig auf dem Feld, wobei eine Hälfte jedoch liegt und die andere steht. Lassen Sie eine Gruppe die Kegel aufstellen, während die andere versucht, sie umzustoßen. Geben Sie den Kindern etwa 5 min Zeit, auf Ihr Signal hin kehren sie wieder zu ihren Ausgangsplätzen zurück. Spieler mit höherem Funktionsniveau können jetzt jeweils für ihre Gruppe zählen, wie viele Kegel umgestoßen sind und wie viele aufgerichtet wurden.

Abb. 4.2 Jetzt werden die Kegel wieder aufgestellt.

Informelle Beurteilungsfragen
- Kann das Kind die Vorgabe richtig umsetzen (aufstellen oder umwerfen)?
- Kann es sich angemessen im Raum bewegen, ohne dabei mit anderen zusammenzustoßen?

Husch ins Körbchen

Primärer Trainingsbereich
Orientierung im Raum.

Weiterer Trainingsbereich
Greifen und Loslassen.

Ziel der Übung
Bewegung im Raum, wobei Dinge an einen bestimmten Ort gebracht werden.

Materialien
Wollknäuel oder andere leichte Objekte, die gut zu fassen sind (etwa 20 Teile); große Kegel, Getränkekisten oder Pappkartons (alles, womit Dinge auf Augenhöhe gebracht werden können); zwei Hula-Hoop-Reifen.

Vorbereitung
Verteilen Sie die Kegel zufällig auf dem Spielfeld. Platzieren Sie ein oder mehrere Wollknäuel oder andere Objekte auf jedem Kegel. An jedem Spielfeldende liegt einen Hula-Hoop-Reifen.

Durchführung
1. Auf Ihr Startsignal hin bewegen sich die Kinder über das Spielfeld und sammeln ein Wollknäuel oder anderes Objekt ein.
2. Dann bringen die Kinder ihre Beute zu einem der Hula-Hoop-Reifen und legen sie hinein, bevor sie auf das Spielfeld zurückkehren und einen anderen Gegenstand einsammeln.
3. Die Kinder sammeln die Knäuel eines nach dem anderen ein.
4. Die Übung ist abgeschlossen, wenn alle Wollknäuel (oder anderen Objekte) in den Hula-Hoop-Reifen liegen.

Einfache Variante
- Die Kinder können die Wollknäuel auch in ihren Schoß legen, um sie so zu den Hula-Hoop-Reifen zu bringen.
- Verwenden Sie größere oder leichter zu fassende Objekte.
- Setzen Sie Klettbälle ein, und lassen Sie die Kinder diese mit Ballfängern einsammeln.

Schwierige Variante
- Teilen Sie die Gruppe und weisen Sie jedem Team Objekte einer bestimmten Farbe zu, die es einsammeln und in den Hula-Hoop-Reifen bringen soll (> Abb. 4.3).
- Legen Sie die Wollknäuel auf den Boden.
- Die Kinder können sich auf Rollbrettern über das Spielfeld bewegen.

Abb. 4.3 Viele unterschiedliche Objekte machen die Aufgabe interessanter.

Informelle Beurteilungsfragen

- Kann das Kind sich im Raum bewegen, ohne dabei mit anderen zusammenzustoßen?
- Kann es die Wollknäuel in den Hula-Hoop-Reifen legen?

Mir nach!

Primärer Trainingsbereich
Orientierung im Raum.

Weiterer Trainingsbereich
Bewegungsmuster; das Konzept von Vormachen und Nachahmen verstehen.

Ziel der Übung
Sich entweder als Anführer oder als Gefolgsmann durch einen Hindernisparcours bewegen.

Materialien
Klebeband (für drinnen) oder Straßenkreide (für draußen); etwa 10 Kegel, Matten oder andere „Hindernisse" auf dem Weg, um sich drumherum, darüber, darunter oder hindurch zu bewegen.

Vorbereitung
Kleben bzw. malen Sie eine Route auf den Boden. In einer Sporthalle können Sie auch die Markierungen des Basketballfelds benutzen, auf einem Sportplatz eventuell vergleichbare bereits vorhandene Markierungen. Stellen Sie die Kegel auf einer geraden Linie im Abstand von etwa 60 cm auf und verteilen Sie die Matten zufällig auf dem Spielfeld.

Durchführung
1. Bilden Sie Paare. Machen Sie einen der Spieler zum Anführer und den anderen zum Gefolgsmann.
2. Geben Sie für das Spiel die gesamte Spielfläche frei.
3. Führen Sie einige Bewegungsmuster vor, welche die Kinder in dem Hindernisparcours nachmachen können:
   a. Balancieren Sie mit beiden Füßen auf der Linie oder nur ein Fuß bleibt auf der Linie oder die Linie befindet sich immer in der Mitte zwischen beiden Füßen. Kinder im Rollstuhl fahren mit dem rechten oder linken Rad auf der Linie oder verfolgen die Linie in der Mitte unter sich.
   b. Schlängeln Sie sich zwischen den Kegeln hindurch.
   c. Umkreisen Sie die Matten oder springen Sie darüber. Für Kinder im Rollstuhl kann ein kräftiger Vorschub als Sprung gelten.
4. Lassen Sie die Anführer kreativ sein. Nach etwa 6 min tauschen die Spieler die Rollen des Anführers und Gefolgsmanns.

Einfache Variante
- Alle Kinder folgen einem Anführer.
- Das Kind gibt an, wohin es sich bewegen möchte, und Sie bringen die Gruppe durch den Parcours.
- Setzen Sie mehr Stimuli in den Parcours wie herabhängende Objekte, Ursache-Wirkung-Spielzeug (z. B. Spiele mit Schaltern) usw.

Abb. 4.4 Durch einen Hula-Hoop-Reifen krabbeln ist gar nicht so einfach.

Schwierige Variante
- Die Kinder verändern auf Ihr Kommando hin die Geschwindigkeit innerhalb des Parcours.
- Die Kinder können sich auf Rollbrettern durch den Parcours bewegen.
- Stellen Sie weitere Hindernisse auf (z. B. Tunnel, Hürden, aufgestellte Hula-Hoop-Reifen, ➤ Abb. 4.4).

Informelle Beurteilungsfragen
- Kann das Kind sich im Raum bewegen, ohne dabei mit anderen zusammenzustoßen?
- Kann der Gefolgsmann die Bewegungen des Anführers imitieren?

Schwimmnudeljagd

Primärer Trainingsbereich
Orientierung im Raum.

Weiterer Trainingsbereich
Jagen, Wegrennen, Ausweichen; kardiorespiratorische Ausdauer.

Ziel der Übung
Gegenseitiges Abschlagen mit einer Schwimmnudel.

Materialien
Zwei Schwimmnudeln, die in der Mitte geteilt sind.

Vorbereitung
Wählen Sie ein großes Spielfeld ohne Hindernisse. Halbieren Sie die Schwimmnudeln.

Sicherheitshinweis

Erinnern Sie die Kinder daran, die Mitspieler in angemessener Weise abzuschlagen. Dies kann etwa bedeuten, nur unterhalb der Hüfte und nur leicht mit der Schwimmnudel zu schlagen.

Durchführung
1. Die Kinder verteilen sich auf dem gesamten Spielfeld.
2. Machen Sie vier Kinder zu Jägern (Anzahl abhängig von der Gruppengröße).
3. Die übrigen Mitspieler versuchen, ihnen als Gejagte auszuweichen.
4. Geben Sie jedem Jäger eine halbe Schwimmnudel, mit der er die Gejagten abschlagen soll.
5. Auf Ihr Startzeichen hin laufen die Kinder auf dem Spielfeld herum.
6. Abgeschlagene Kinder müssen sofort stehen bleiben, wenn sie getroffen wurden, bis ein anderer Jäger sie mit einer Schwimmnudel berührt, um sie wieder zu „befreien" (➤ Abb. 4.5).
7. Suchen Sie nach etwa 5 min andere „Jäger" aus.

Einfache Variante
- Helfen Sie den Jägern über das Spielfeld, sodass diese sich auf das Halten der Schwimmnudel und das Abschlagen konzentrieren können.
- Die Kinder können auch eine Doppelrolle einnehmen als Jäger und als Gejagter.

Abb. 4.5 Ein abgeschlagener Mitspieler bleibt dort stehen, wo er getroffen wurde, bis ein anderer Jäger ihn wieder „befreit".

Schwierige Variante
- Die Kinder benutzen Rollbretter.
- Die Kinder bewegen sich einem bestimmten Bewegungsmuster folgend über das Spielfeld (z. B. hüpfend, galoppierend, rutschen, gehend, springend).

Informelle Beurteilungsfragen
- Kann das Kind sich sicher im Raum bewegen?
- Bleibt es stehen, wenn es abgeschlagen wird?

Immer im Takt bleiben

Primärer Trainingsbereich
Orientierung im Raum.

Weiterer Trainingsbereich
Kreative Bewegungen; Verstehen und Umsetzen von verbalen Anweisungen bzw. Vorgaben.

Ziel der Übung
Mit Trommelschlägeln oder Musikinstrumenten dem Rhythmus oder Takt der Musik folgen.

Materialien
Trommelschlägel (zwei pro Kind); Musikinstrumente (z. B. Trommeln, Rasseln, Glocken, Tamburin – je eines pro Mitspieler); geeignete Musik (siehe Anhang) und ein Abspielgerät.

Vorbereitung
Keine besonderen Vorbereitungen erforderlich.

Durchführung
1. Die Kinder schlagen auf ihren Instrumenten oder mit ihren Trommelschlägeln den Takt der Musik und imitieren Ihre Bewegungen, während Sie sich mit ihnen durch den Raum bewegen.
2. Fordern Sie die Kinder auf, die Instrumente oder Schlägel z. B. links, rechts, oben, unten, hinten oder vorne zu spielen.
3. Fordern Sie die Kinder auf, die Instrumente schnell, mittel oder langsam zu spielen.
4. Die Kinder sollen auf Ihr Kommando hin beginnen und stoppen.

Einfache Variante
- Führen Sie dem Kind die Hand (körperliche Unterstützung).
- Lassen Sie das Kind einen Schlägel halten, während Sie mit dem anderen im Takt darauf schlagen.
- Fixieren Sie das Instrument mit einem Klettband am Handgelenk des Kindes, sodass es es nicht festhalten muss.
- Legen Sie das Instrument vor dem Kind auf einen Tisch oder in seinen Schoß (z. B. eine Trommel).
- Lassen Sie das Kind das Instrument oder die Schlägel im Sitzen nutzen (➤ Abb. 4.6).

Schwierige Variante
- Lassen Sie ein Kind die Instrumente oder Schlägel verteilen.
- Kinder mit höherem Funktionsniveau können anderen die Hand führen.
- Die Kinder sollen ihre Instrumente benennen.
- Die Kinder singen den Text zu den Liedern mit.

Abb. 4.6 Die Instrumente können auch im Sitzen gespielt werden.

- Die Kinder können sich einen Tanz oder eine Bewegungsfolge mit den Schlägeln oder Instrumenten ausdenken.
- Bilden Sie eine Musikkapelle, indem sich alle Kinder hintereinander aufstellen und dann im Raum umhergehen, während sie ihr Instrument spielen.

Informelle Beurteilungsfragen
- Kann das Kind das Instrument oder die Schlägel richtig im Takt einsetzen?
- Kann es sich im Raum bewegen, ohne dabei mit anderen zusammenzustoßen?

Schleiertanz

Primärer Trainingsbereich
Orientierung im Raum.

Weiterer Trainingsbereich
Kreative Bewegungen; Rhythmus und Takt.

Ziel der Übung
Sich mit Tüchern oder Bändern an Stäben zum Rhythmus der Musik bewegen.

Materialien
Tücher oder Bänder an Stäben (1–2 pro Kind); geeignete Musik (siehe Anhang) und ein Abspielgerät. Zum Selberbasteln bringen Sie ein geeignetes Band an einem Ring oder einem Rundholzstab an.

Vorbereitung
Suchen Sie sich ein großes Spielfeld ohne Hindernisse.

Durchführung
1. Die Kinder beginnen mit einem Tuch oder Band (bei erfahrenen Mitspielern auch zwei).
2. Die Kinder ahmen Ihnen folgende Bewegungen mit dem Tuch oder Band nach:
   a. große Kreise
   b. nach oben und nach unten
   c. nach links und nach rechts
   d. vor oder hinter den Körper
   e. schnell oder langsam
   f. das Tuch hochwerfen und auffangen
   g. das Tuch hochwerfen, in die Hände klatschen und es auffangen
   h. das Tuch hochwerfen, sich einmal um die eigenen Achse drehen und es auffangen.
3. Lassen Sie Musik laufen, während die Kinder ihre Tücher oder Bänder dazu im Takt bewegen.
4. Die Kinder dürfen ihre Bänder oder Tücher frei zur Musik bewegen.

Einfache Variante
- Führen Sie dem Kind die Hand (körperliche Unterstützung).
- Befestigen Sie das Tuch oder Band mit einem Armreif am Handgelenk des Kindes.
- Das Kind spielt mit dem Tuch oder Band, während es still steht oder sitzt (➤ Abb. 4.7).

Abb. 4.7 Als einfache Variante können die Kinder auch sitzend mit dem Tuch oder Band spielen.

Schwierige Variante
- Lassen Sie ein Kind die Tücher oder Bänder verteilen.
- Lassen Sie ein Kind die Bewegungen vorführen, während die übrige Gruppe es imitiert.
- Die Kinder denken sich Abfolgen aus 2–4 Einzelbewegungen aus.

Informelle Beurteilungsfragen
- Kann das Kind die Tücher oder Bänder richtig im Takt bewegen?
- Kann es sich im Raum bewegen, ohne dabei mit anderen zusammenzustoßen?

Hühnerdieb!

Primärer Trainingsbereich
Orientierung im Raum.

Weiterer Trainingsbereich
Jagen, Wegrennen, Ausweichen; kardiorespiratorische Ausdauer.

Ziel der Übung
Sich durch den Raum bewegen, um schneller als ein Mitspieler an ein Objekt zu gelangen und sich dann zu einem ausgewiesenen Ort zurückzubewegen, ohne dabei abgeschlagen zu werden.

Materialien
Gummihühner oder kleine, leichte Gegenstände, die für die Kinder gut greifbar sind; bunte Matten.

Vorbereitung
Legen Sie zwei Matten im Abstand von 6 m aus. Darauf platzieren Sie jeweils ein Gummihuhn. Sitzt das Kind im Rollstuhl oder kann sich nicht bücken, legen Sie das Objekt auf einen Tisch, einen umgedrehten Wäschekorb oder auf einen großen Kegel, um es in Greifhöhe zu bringen.

Sicherheitshinweis

Erinnern Sie die Kinder daran, die Mitspieler in angemessener Weise abzuschlagen. Dies kann etwa bedeuten, nur unterhalb der Hüfte und leicht zu schlagen.

Durchführung
1. Zwei Kinder stehen sich an ihren jeweiligen Matten gegenüber.
2. Auf Ihr Zeichen hin läuft jeder Spieler so schnell wie möglich zum Huhn des anderen Mitspielers. Wer das Huhn hat, läuft möglichst schnell zurück an seinen Platz.
3. Der Spieler, der nicht als erster das Huhn des anderen erreicht hat, versucht seinen Gegenspieler abzuschlagen, bevor dieser seine eigene Matte wieder erreicht. Gelingt dies, wird die Übung wiederholt.

Einfache Variante
- Platzieren Sie die Gummihühner in Augenhöhe (z. B. auf einem Tisch, ➤ Abb. 4.8).
- Statt das Huhn zu ergreifen, lassen Sie das Kind es nur berühren, einen (Licht-)Schalter betätigen, eine Karte wegschnipsen oder eine andere, vergleichbare Aktion ausführen.
- Unterstützen Sie die Kinder bei der Übung, bis sie das Konzept verstanden haben.

Abb. 4.8 Das Fassen nach dem Gummihuhn fällt leichter, wenn es erhöht auf einem großen Kegel liegt.

- Bestimmen Sie vor dem Startzeichen einen Greifer und einen Abschlagenden. Geben Sie dem Abschlagenden eine Schwimmnudel, mit der er den Spieler mit dem Gummihuhn treffen kann. Dadurch erlangt er einen Vorteil, da die vergrößerte Reichweite das Abschlagen erleichtert.
- Lassen Sie die Kinder die Aufgabe einzeln absolvieren und stoppen Sie dabei die Zeit. Ermutigen Sie sie dann, es schneller zu machen.

Schwierige Variante
- Die Kinder bewegen sich mit unterschiedlichen Bewegungsmustern zum Huhn (z. B. krabbeln, kriechen, galoppieren, hüpfen).
- Bestimmen Sie einen Spieler, der beginnt. Dieser macht eine Geste oder eine Haltung vor (z. B. beide Hände über den Kopf heben, eine Hand ans Ohr legen). Der andere Mitspieler muss diese Geste oder Haltung imitieren. Wenn beide Kinder diese Haltung eingenommen haben, kann die Übung beginnen (d. h. zum Gummihuhn rennen).

Informelle Beurteilungsfragen
- Kann das Kind sich sowohl bei der Jagd nach dem Gummihuhn als auch beim Versuch, den Mitspieler abzuschlagen, in angemessener Weise bewegen?
- Kann das Kind das Gummihuhn greifen und tragen?

Start und Stopp

Primärer Trainingsbereich
Orientierung im Raum.

Weiterer Trainingsbereich
Kardiorespiratorische Ausdauer; Verstehen und Umsetzen verbaler bzw. visueller Signale.

Ziel der Übung
Die Bedeutungen von „Start" und „Stopp" bei der Orientierung im Raum verstehen.

Materialien
Start- und Stopp-Signal (Handkelle, Musik oder Instrument).

Vorbereitung
Wählen Sie einen leeren Raum mit vorgegebenen Grenzen und ohne Hindernisse.

Durchführung
1. Die Kinder suchen sich einen freien Platz im Raum, ohne eine andere Person zu berühren.
2. Auf Ihr Zeichen hin bewegen sich die Kinder bei „Grün" im Raum, ohne dabei aneinander zu stoßen, und stoppen bei „Rot". Wenn Sie Musik einsetzen, bewegen sich die Kinder, während sie läuft, und stoppen, wenn auch die Musik stoppt.
3. Die Kinder bewegen sich in dem vorgegebenen Raum, wie sie wollen.

Einfache Variante
- Wenn Sie ein Kind führen, lassen Sie es „Start" und „Stopp" bestimmen (z. B. eine grüne Karte für „Start" und eine rote Karte für „Stopp", einen Knopf einmal für „Start" drücken und zweimal für „Stopp", oder „Start" und „Stopp" sagen).
- Anstelle des ganzen Körpers können die Kinder auch nur mit einem Körperteil auf die Signale reagieren (z. B. die Hände oder der Kopf).

Schwierige Variante
- Die Kinder können sich auf Rollbrettern durch den Raum bewegen (➤ Abb. 4.9).
- Die Kinder spielen mit einem Gegenstand (z. B. einen Ball auftippen, ein Sandsäckchen werfen und fangen), während sie den Start- und Stopp-Signalen folgen.
- Platzieren Sie Hindernisse im Raum.

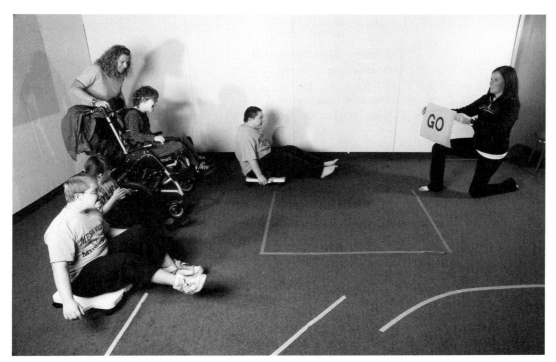

Abb. 4.9 Einfache Schrifttafeln eignen sich auch als Signalgeber.

Informelle Beurteilungsfragen
- Zeigt das Kind die angemessene Reaktion auf die Signale?
- Kann es sich im Raum bewegen, ohne dabei mit anderen zusammenzustoßen?

Tücher jagen

Primärer Trainingsbereich
Orientierung im Raum.

Weiterer Trainingsbereich
Jagen, Wegrennen, Ausweichen; kardiorespiratorische Ausdauer.

Ziel der Übung
Bei der Bewegung im Raum das Tuch eines anderen Mitspielers klauen.

Materialien
Tuch, langer Kniestrumpf, Band oder Kordel (ein Teil pro Kind).

Vorbereitung
Wählen Sie ein großes Spielfeld ohne Hindernisse.

Durchführung
1. Die Kinder stecken sich die Tücher hinten in ihre Hosen, wobei der größte Teil heraushängt. Kinder im Rollstuhl lassen das Tuch an ihrem Rollstuhl befestigen.
2. Alle Kinder bewegen sich frei durch den Raum und versuchen, einem Mitspieler sein Tuch zu klauen (➤ Abb. 4.10).
3. Wenn ein Kind das Tuch eines anderen erjagt hat, gibt es dieses dem Mitspieler zurück, der es sich dann wieder hinten in die Hose steckt und das Spiel geht weiter.

Einfache Variante
- Geben Sie nur einem oder zwei Kindern ein Tuch, während die anderen versuchen, dieses herauszuziehen.
- Helfen Sie den Kindern bei der Bewegung über das Spielfeld.
- Helfen Sie den Kindern bei der Befestigung der Tücher.

Schwierige Variante
- Die Kinder können unterschiedlichen Bewegungsmustern folgen.
- Die Kinder können verschiedene Ausweichmethoden einsetzen wie wegducken, umdrehen und den schnellen Richtungswechsel, um ihre Tücher zu retten.

Informelle Beurteilungsfragen
- Kann das Kind sich im Raum bewegen, ohne dabei mit anderen zusammenzustoßen?
- Schafft es das Kind, einem Mitschüler das Tuch herauszuziehen?

Abb. 4.10 Das Mädchen versucht, das Tuch eines Mitspielers zu klauen.

Gruppen-Basketball

Primärer Trainingsbereich
Orientierung im Raum.

Weiterer Trainingsbereich
Zuspielen; Zusammenspiel; kardiorespiratorische Ausdauer.

Ziel der Übung
Einen Ball unter allen Mitspielern zuspielen lassen, bevor er in ein Ziel geworfen wird, um einen Punkt zu machen.

Materialien
Basketball oder Fußball; zwei Hula-Hoop-Reifen oder Körbe; Kegel, um die Grenzen abzustecken (falls erforderlich).

Vorbereitung
Wählen Sie ein großes Spielfeld ohne Hindernisse, das am besten einem Basketballfeld ähnelt. Die Abmessungen hängen von den Möglichkeiten und Bedürfnissen der Mitspieler ab. Platzieren Sie an beiden Spielfeldenden je einen Hula-Hoop-Reifen oder Korb.

Durchführung
1. Teilen Sie die Kinder in zwei Gruppen auf.
2. Erklären Sie ihnen, in welchen Korb sie treffen müssen.
3. Alle Spieler eines Teams müssen den Ball gespielt haben, bevor er zur Wertung in den Korb geworfen werden kann (➤ Abb. 4.11).
4. Wenn die gegnerische Mannschaft den Ball erhält und er dann wiedererlangt wird, muss die Zuspielfolge wieder neu beginnen.

Einfache Variante
- Alle Kinder spielen zusammen, um einen Punkt zu erzielen.
- Verwenden Sie einen Ballon oder einen leichten Ball.
- Verwenden Sie einen kleineren Ball, um das Greifen zu erleichtern.
- Die Kinder können den Ball auch einem Mitspieler in den Schoß spielen.
- Lassen Sie die Berührung eines Kindes durch den Ball als Zuspiel gelten.
- Verkleinern Sie das Spielfeld.

Schwierige Variante
- Platzieren Sie den Korb höher.
- Spielen Sie mehr nach den klassischen Basketballregeln.
- Die Kinder benennen den Mitspieler, dem sie den Ball zuspielen wollen.

Informelle Beurteilungsfragen
- Kann das Kind den Ball einer anderen Person des gleichen Teams zuspielen?
- Kann es den Ball in angemessener Zeit in den Korb befördern?

Abb. 4.11 Alle Mitglieder eines Teams müssen den Ball gespielt haben, bevor er in den Korb geworfen wird.

4

Straßenverkehr

Primärer Trainingsbereich
Orientierung im Raum.

Weiterer Trainingsbereich
Kardiorespiratorische Ausdauer; Bewegungskonzepte.

Ziel der Übung
Orientierung im Raum nach Anweisungen zum schnellen, mittleren, langsamen Bewegen oder Stoppen.

Materialien
Große Schilder für „schnell", „mittel", „langsam" und „Stopp" oder Musik oder ein Instrument, das einen schnellen, mittleren oder langsamen Takt vorgibt.

Vorbereitung
Wählen Sie ein großes Spielfeld ohne Hindernisse.

Durchführung
1. Erklären Sie den Kindern die Bedeutungen von „schnell", „mittel", „langsam" und „Stopp".
2. Erläutern Sie die Signale, die für jede Geschwindigkeit stehen oder wie der Rhythmus in der Musik die Geschwindigkeit vorgibt.
3. Auf Ihr Zeichen bewegen sich die Kinder durch den Raum zu Ihren Anweisungen (schnell, mittel, langsam, Stopp), ohne dabei ineinander zu laufen (➤ Abb. 4.12).

Einfache Variante
- Verwenden Sie nur wörtliche und optische Hinweise.
- Verwenden Sie nur „Stopp!" und „Los!".

Schwierige Variante
- Setzen Sie mehr „Verkehrszeichen" ein.
- Lassen Sie die Kinder selbst die Anweisungen geben.
- Lassen Sie die Kinder Rollbretter nutzen.
- Die Kinder können unterschiedlichen Bewegungsmustern folgen (z. B. springen, galoppieren, hüpfen).

Informelle Beurteilungsfragen
- Kann das Kind sich im Raum bewegen, ohne dabei mit anderen zusammenzustoßen?
- Kann es die Anweisungen „schnell", „mittel", „langsam" und „Stopp" angemessen umsetzen?

Abb. 4.12 Auf Ihr Stopp-Signal hin bleiben alle Kinder stehen.

Anhang

Evidenzbasierte Forschung

Das vorliegende Buch basiert auf mehr als 30 Jahren Erfahrung im Unterricht und in der Arbeit mit schwer behinderten Personen sowie auf dem sorgfältigen Studium der evidenzbasierten Forschung. Durch regelmäßige körperliche Aktivität können die Betroffenen die Aktivitäten ihres täglichen Lebens (ATL) deutlich verbessern (Campbell und Jones 1994, Damiano und Abel 1998, Damiano et al. 1995, Dodd et al. 2003, McBurney et al. 2003, Schlough et al. 2005). Der Gesetzgeber in den USA („Individuals with Disabilities Education Improvement Act" des United States Congress 2004), regierungsnahe Organisationen wie die USDHHS (United States Department of Health and Human Services, 2000) und die CDC (Centers for Disease Control and Prevention, 2010) sowie die WHO (World Health Organization 2010) haben die Methodik und die Praxis zur Steigerung der Fitness behinderter Menschen begleitet.

Trainingsprogramme sind ein effektiver Weg zur Beurteilung und Verbesserung der vier wichtigsten Komponenten der allgemeinen Gesundheit behinderter Menschen: Muskelkraft und kardiorespiratorische Ausdauer, Beweglichkeit und psychisches Wohlbefinden (Damiano et al. 1995, Dodd et al. 2003, McBurney et al. 2003, Schlough et al. 2005). Es wurden Untersuchungen zu langfristig (25 Wochen) und kurzfristig (unter 1 Woche) angelegten Übungsprogrammen für Menschen mit Behinderungen durchgeführt (Damiano et al. 1995, Dodd et al. 2003, McBurney et al. 2003, Schlough et al. 2005). Tatsächlich fanden McBurney et al. (2003) eine signifikante Zunahme der Muskelkraft in den unteren Extremitäten unter den Teilnehmern eines 6-wöchigen Übungsprogramms, das zur Messung der Muskelkraft bei Jugendlichen mit infantiler Zerebralparese entwickelt worden war. Diese Befunde stimmen mit denen anderer Übungsprogramme zur Muskelkräftigung bei Kindern mit infantiler Zerebralparese überein (Damiano und Abel 1998, Dodd et al. 2003).

Rund 10 % der Weltbevölkerung bzw. 650 Millionen Menschen leben mit Behinderungen (WHO 2010).

Eine Steigerung der kardiorespiratorischen Ausdauer macht es Personen mit Behinderungen leichter, den Anforderungen des Alltags gerecht zu werden (Damiano et al. 1995, Santiago et al. 1993, Schlough et al. 2005, Shinohara et al. 2002). Shinohara et al. (2002) zeigten, dass durch Übungen für die unteren Extremitäten die Ausdauer bei Kindern mit infantiler Zerebralparese gesteigert werden kann.

Kinder und Jugendliche benötigen täglich mindestens 1 Stunde körperliche Aktivität (DCD 2010).

Eine bessere Beweglichkeit macht Menschen unabhängiger bei Tätigkeiten wie Baden, Ankleiden, Hausarbeit und diversen anderen ATLs. Übungsprogramme, die auch die Beweglichkeit trainieren, führen zu einer signifikanten Steigerung des Bewegungsumfangs bei Personen mit schweren körperlichen Behinderungen, die zur Ausbildung von Spastiken und Muskelkontrakturen neigen (Fragala et al. 2003, McPherson et al. 1984, Richards et al. 1991, Tremblay et al. 1990). Solche Zustände beeinträchtigen insgesamt die Beweglichkeit und begrenzen den Bewegungsradius. Bei der Suche nach Behandlungsmöglichkeiten kommen sowohl invasive (Cast-Verbände, Operationen) als auch nichtinvasive Verfahren infrage. Passive Muskeldehnungen und körperliche Aktivitäten sind nichtinvasive Möglichkeiten zur Reduktion von Spastiken und Kontrakturen, wodurch der Weg für einen größeren Bewegungsumfang bereitet wird. Tremblay et al. (1990) stellten eine signifikante Veränderung in der Spastizität bestimmter Muskeln fest, die einem fortgesetzten Stretching unterzogen worden waren. Diese Untersuchung zeigte kurzfristig Veränderungen bei 12 Kindern einer experimentellen Gruppe mit infantiler Zerebralparese. Das anhaltende Stretching verringerte die Spastik und führte zu einer Zunahme des Bewegungsumfangs.

Körperliche Aktivität steigert nicht nur die allgemeine Fitness im Hinblick auf Unabhängigkeit und Funktionsfähigkeit, sondern hat zudem positive Auswirkungen auf die Psyche von Personen mit schweren körperlichen Behinderungen (Blinde und McClung 1997, Campbell und Jones 1994, Giacobbi et al. 2006). Zu diesen Effekten gehören ein größerer Antrieb, das Empfinden persönlichen Glücks, Vertrauen, persönliche Verantwortung, verbesserte Selbstwahrnehmung, ein gesteigertes Selbstwertgefühl sowie der vermehrte Wunsch, mit anderen Menschen in Kontakt zu treten.

Im Jahr 2007 (Centers for Disease Control and Prevention, CDC) kamen 65 % der Jugendlichen der Klassen 9–12 nicht auf die empfohlene Menge an körperlicher Aktivität. 35 % sahen an einem normalen Schultag mindestens 3 Stunden fern.

Die kombinierten körperlichen und psychischen Vorteile des Trainings wirken sich sehr positiv auf die Lebensqualität der Betroffenen aus (Schlough et al. 2005). Eine Erhöhung der Trainingszeit kann die tägliche Funktionsfähigkeit sowie das persönliche und soziale Wohlbefinden von Personen mit körperlichen Behinderungen steigern (Seaman et al. 1999). Die Programme sind am wirkungsvollsten, wenn sie regelmäßig mit nur minimalen Unterbrechungen durchgeführt werden (Dodd et al. 2003, McBurney et al. 2003, Schlough et al. 2005, Shinohara et al. 2002).

Weiterführende Informationen

In diesem Abschnitt finden Sie nützliche Internetadressen für den deutschsprachigen Raum sowie weitere Informationen zu den Materialien und zur deutschsprachigen Literatur, die Ihnen bei Ihrer Arbeit mit behinderten Kindern und Jugendlichen, für die hier beschriebenen Aktivitäten und auch darüber hinaus nützlich und hilfreich sein können.

Allgemeine Internetadressen

„Hand und Fuß, die können tanzen". Rhythmik mit geistig und körperlich behinderten Kindern – ein Praxisbericht von Sabine Hirler	http://www.kindergartenpaedagogik.de/687.html
Deutscher Behindertensportverband e. V.	http://www.dbs-npc.de
Aktionskreis Psychomotorik	http://www.psychomotorik.com
Kiphard-Zentrum	http://www.psychomotorik-bonn.de
Lebenshilfe	http://www.lebenshilfe-nrw.de
Wehrfritz-Therapie	www.kinderturnwelt.de

Internetadressen zu Sportgeräten und Materialien

Eybl-Sportversand – Therapie und Wellness	http://www.eyblsport.com
Sport-Thieme	http://www.sport-thieme.de
Wehrfritz-Therapie	http://www.wehrfritz.de
Diese beiden Firmen bieten viele der im Buch beschriebenen Materialien und Spiele an. Die Seite von Jako-o verfügt zudem über eine Unterseite „Besondere Kinder", auf der es um Kleidung, Spiel- und Sportgeräte für behinderte Kinder geht	http://www.walzkidzz.de/ http://www.jako-o.de/
Wiemann-Lehrmittel	http://www.wiemann-lehrmittel.de

Musik

Volker Rosin ist ein deutscher Liedermacher für Kindermusik. Einige Veröffentlichungen konzentrieren sich auf die Nutzung im Turnunterricht in Kindergarten oder auch Grundschule. Gute Beispiele sind:

- Volker Rosin. Jambo Mambo. Liederbuch: Neue Hits zum Tanzen und Turnen! Moon-Records; 2007.
- Volker Rosin. Turnen macht Spaß. Karussell; 2003. Die CD ist ideal zum Aufwärmen im Kindergartenturnen, aber auch für ganze Turn-/Bewegungsstunden. Sie enthält sehr schwungvolle Lieder, die Turnübungen in den Texten sind leicht nachzuvollziehen. Die Melodien drücken Lebensfreude aus, was sich positiv auf den Bewegungsdrang der Kinder auswirkt.

Constanze Grüger: Fröhliche Kinder – motorisch mit Musik gefördert: 12 lustige Mitmach-Lieder zum Turnen, Tanzen und Spielen. Limpert; 2009. Dieses Buch mit CD ist hilfreich für Eltern und Betreuer, die mit Kleinkindern Spaß an Spiel und Tanz haben wollen. Es stehen hilfreiche Tipps neben den Liedtexten, die dabei helfen, sich zu den Liedern zu bewegen.

Sabine Hirler (siehe auch unter Literatur) hat mehrere Bücher und CDs zu Rhythmikspielen, Wahrnehmungsförderung und Tanz veröffentlicht.

Ältere und bekannte Lieder, die sich für Bewegungsübungen eignen, sind u. a.:

- Es tanzt ein Bi-Ba-Butzemann
- Wer will fleißige Handwerker sehn
- Zeigt her Eure Füße
- Macht auf das Tor! (Bewegungsspiellied)
- Brüderchen, komm tanz mit mir
- Laurentia, liebe Laurentia mein
- Ringel, Ringel, Reihe
- Was müssen das für Bäume sein
- Auf unsrer Wiese gehet was
- Der Katzentanz.

Die folgenden Abzählreime eignen sich gut für die Zeltstangenübung:

Teddybär, Teddybär, spring hinein,
Teddybär, Teddybär, zeig ein Bein,
Teddybär, Teddybär, das andre Bein,
Teddybär, Teddybär, zeig 'nen Arm,
Teddybär, Teddybär, den andern Arm,
Teddybär, Teddybär, mach dich krumm,
Teddybär, Teddybär, andersrum,
Teddybär, Teddybär, bau ein Haus,
Teddybär, Teddybär, spring hinaus.

Kaiserin von China,
geboren Katharina,
stieg auf einer Leiter,
hoch und immer weiter …
1, 2, 3 … (dabei die Sprünge zählen)

Teddybär, Teddybär, dreh dich nicht herum,
denn der Plumpssack geht herum.
Wer sich umdreht oder lacht,
kriegt den Buckel voll gemacht.

„A, B, C …" Bei jedem Durchschlag der Zeltstange wird der nächste Buchstabe des ABCs genannt, bis das Kind hängen bleibt. Dann wird ein Name mit dem zuletzt genannten Buchstaben gesucht (bei hüpfenden Mädchen ein Jungenname und umgekehrt). Dann weiter: „Micha, Micha, liebst du mich, ja, nein, ja, nein …".

Weiterführende Literatur

Birgit Braun-Rehm, Michaela Grüner, Petra Küfner: Fidelio 1. Musik in der Grundschule.

Sigrid Dordel: Bewegungsförderung in der Schule: Handbuch des Sportförderunterrichts.

Sabine Hirler: Wahrnehmungsförderung durch Rhythmik und Musik. Verlag Herder; 2003. Die Autorin ist gelernte Rhythmik- und Musikpädagogin und setzt seit vielen Jahren rhythmische Spiele und Musik in der Behandlung und Prävention von Wahrnehmungs- und Konzentrationsstörungen bei Kindern ein. Die spielerische Förderung der Wahrnehmung von Kindern im Alter von 3 bis 12 Jahren steht im Mittelpunkt dieses sehr kreativen und fantasievollen Buchs, das auch Aspekte aus dem Schwerstbehindertenbereich aufnimmt. Mit vielen praxiserprobten rhythmischen (Bewegungs-)Spielen, pfiffigen Liedern und Spielgeschichten motiviert sie die Kinder zum aktiven Umgang mit Musik, zum Teil auch zum Selbst-Erfinden und Selbst-Gestalten.

Lorenz Maierhofer, Renate Kern, Walter Kern von Helbling: Sim Sala Sing. Das Liederbuch für die Grundschule.

Hansjörg Meyer: Gefühle sind nicht behindert: Musiktherapie und musikbasierte Kommunikation mit schwer mehrfachbehinderten Menschen.

Werner Probst, Anja Schuchhardt, Brigitte Steinmann: Musik überall. Ein Wegweiser für Förder- und Grundschule.

Werner Probst, Brigitte Vogel-Steinmann: Musik, Tanz und Rhythmik mit Behinderten.

Barbara Sahm: Tanzen, Musizieren, Theater spielen: Spielideen für Menschen mit geistiger Beeinträchtigung.

Jutta Schwarting: Musik und Musikinstrumente zur Förderung des entwicklungsgestörten und des behinderten Kindes.

Björn Tischler, Ruth Moroder-Tischler: Musik aktiv erleben. Musikalische Spielideen für die pädagogische, sonderpädagogische und therapeutische Praxis.

Lutz Worms: Schwingen auf dem Trampolin: Schwerbehinderte Menschen erleben ein großartiges Erfahrungsfeld.

Zeitschriften

Praxis der Psychomotorik; Verlag Modernes Lernen.
Praxis der Kinder-Reha; Verlag Modernes Lernen.

Literaturverzeichnis

Blinde EM, McClung LR. Enhancing the physical and social self through recreational activity: Accounts of individuals with physical disabilities. Adapted Physical Activity Quarterly. 1997; 14: 327–44.

Brown L, Branston MB, Hamre-Nietupski S, Pumpian I, Certo N, Gruenewald L. A strategy for developing chronological-age-appropriate and functional curricular content for severely handicapped adolescents and young adults. The Journal of Special Education. 2001; 13(1): 82–90.

Campbell E, Jones G. Psychological well-being in wheelchair sport participants and nonparticipants. Adapted Physical Activity Quarterly. 1994; 11: 404–15.

Centers for Disease Control and Prevention (CDC). Physical activity guidelines. 2010. www.cdc.gov/physicalactivity/everyone/guidelines/adults.html.

Centers for Disease Control and Prevention (CDC). Preventing chronic diseases: Investing wisely in health. 2007. www.cdc.gov/nccdphp/publications/factsheets/Prevention/pdf/obesity.pdf.

Damiano DL, Abel MF. Functional outcomes of strength training in spastic cerebral palsy. Archives of Physical and Medical Rehabilitation. 1998; 79: 119–25.

Damiano DL, Vaughan CL, Abel MF. Muscle response to heavy resistance exercise in children with spastic cerebral palsy. Developmental Medicine & Child Neurology. 1995; 37: 731–9.

DePauw KP. Students with disabilities in physical education. In S. J. Silverman & C. D. Ennis (Hrsg.). Student learning in physical education: Applying research to enhance instruction. Champaign (USA, IL): Human Kinetics; 1996: 101–24.

Dodd KJ, Taylor NF, Graham KH. A randomized clinical trial of strength training in young people with cerebral palsy. Developmental Medicine & Child Neurology. 2003; 45: 652–7.

Fragala MA, Goodgold S, Dumas HM. Effects of lower extremity passive stretching: Pilot study of children and youth with severe limitations in self-mobility. Pediatric Physical Therapy. 2003; 15(3): 167–75.

Giacobbi PR Jr, Hardin B, Frye N, Hausenblas HA, Sears S, Stegelin A. A multi-level examination of personality, exercise, and daily life events for individuals with physical disabilities. Adapted Physical Activity Quarterly. 2006; 23: 129–47.

Kasser SL, Lytle RK. Inclusive physical activity: A lifetime of opportunities. Champaign (USA, IL): Human Kinetics; 2005: 74–5.

Kauffman JM, Krouse J. The cult of educability: Searching for the substance of things hoped for; the evidence of things not seen. Analysis and Intervention in Developmental Disabilities. 1981; 1: 53–60.

Kleinert HL, Kearns JF. A validation study of the performance indicators and learner outcomes of Kentucky's alternative assessment for students with significant disabilities. Journal of the Association for Persons with Severe Handicaps. 1999; 24(2): 100–10.

McBurney H, Taylor NF, Dodd KJ, Graham KH. A qualitative analysis of the benefits of strength training for young people with cerebral palsy. Developmental Medicine & Child Neurology. 2003; 45: 658–63.

McPherson JJ, Arends TG, Michaels MJ, Trettin K. The range of motion of long knee contractures of four spastic cerebral palsied children: A pilot study. Physical & Occupational Therapy in Pediatrics. 1984; 4 (1): 17–34.

Meyer LH, Eichinger J, Park-Lee S. A validation of program quality indicators in educational services for students with severe disabilities. Journal of the Association for Persons with Severe Handicaps. 1987; 12 (4): 251–63.

National Association for Sport and Physical Education (NASPE). Moving into the future: National standards for physical education. 2. Aufl. Reston (USA, VA): McGraw-Hill; 2004.

Richards CL, Malouin F, Dumas F. Effects of a single session of prolonged planter flexor stretch on muscle activations during gait in spastic cerebral palsy. Scandinavian Journal of Rehabilitation Medicine. 1991; 23: 103–11.

Santiago MC, Coyle CP, Kinney WB. Aerobic exercise effects on individuals with physical disabilities. Archives of Physical Medicine and Rehabilitation. 1993; 74: 1192–7.

Schlough K, Nawoczenski D, Case LE, Nolan K, Wiggleworth JK. The effects of aerobic exercise on endurance, strength, function, and self-perception in adolescents with spastic cerebral palsy: A report of three case studies. Pediatric Physical Therapy. 2005; 7(4): 234–50.

Seaman JA, Corbin C, Pangrazi B. Physical activity and fitness for persons with disabilities. President's Council on Physical Fitness and Sports: Research Digest. 1999; 3 (5): 2–9.

Shinohara T, Suzuki N, Oba M, Kawasumi M, Kimizuka M, Mita K. Effects of exercise at the AT point for children with cerebral palsy. Hospital for Joint Diseases. 2002; 61 (1 & 2): 63–7.

Tremblay F, Malouin F, Richards CL, Dumas F. Effects of prolonged muscle stretch on reflex and voluntary muscle activations in children with spastic cerebral palsy. Scandinavian Journal of Rehabilitation Medicine. 1990; 22: 171–80.

United States Congress. P. L. 108–446 Individuals with Disabilities Education Improvement Act; 2004.

United States Department of Health and Human Services (USDHHS). Healthy people 2010. Rockville (USA, MD): Office of Disease Prevention and Health Promotion; 2000.

Wolery M, Schuster JW. Instructional methods with students who have significant disabilities. The Journal of Special Education. 1997; 31 (1): 61–79.

World Health Organization (WHO). Disability and rehabilitation; 2010. www.who.int/disabilities/en/.

Autorinnen

Lindsay K. Canales, MA, (rechts im Bild) hat 10 Jahre lang Adapted Physical Education (APE) unterrichtet und kann auf eine 6-jährige Berufserfahrung als Spezialistin für APE zurückblicken, wobei sie Kinder zwischen 3 und 22 Jahren unterrichtet. Sie entwickelte ein Karten-Programm für den Sportunterricht, das Standardübungseinheiten und einen Lehrplan umfasst, und führte es für 8 Klassen zwischen Kindergarten und 8. Schuljahr ein. Sie organisierte Veranstaltungen auf 4 Jahrestagungen der California Alliance for Health, Physical Education, Recreation and Dance (CAHPERD), der sie als Mitglied ebenso angehört wie dem Northern California Adapted Physical Education Consortium. In der Freizeit besucht sie gerne Sportveranstaltungen und ist selbst körperlich aktiv.

Rebecca K. Lytle, PhD, (links im Bild) ist Professorin und Leiterin der Abteilung Kinesiologie an der California State University (CSU) in Chico (USA, Kalifornien). Sie hat Vorträge auf zahlreichen nationalen und internationalen Konferenzen gehalten und erhielt viele Auszeichnungen, u. a. den Professional Achievement Honor 2008 für herausragenden Unterricht und die für die CSU Chico erbrachten Leistungen. Sie hatte zudem den Vorsitz des Kollegiums, das 2007 den Outstanding Council Award des Adapted Physical Activity Council der American Association for Physical Activity and Recreation erhielt. 2005 wurde sie Preisträgerin des Recognition Award for Autism Sensory and Motor Clinic der Autism Society of Northern California. Sie kann zahlreiche Publikationen in Fachzeitschriften und bis zu diesem Buch 8 (Teil-)Autorschaften vorweisen.

Lytle hatte den Vorsitz bei über einem Dutzend Komitees und Kollegien zur APE und ist Mitglied bei Organisationen wie der American Alliance for Health, Physical Education, Recreation and Dance, dem Council for Exceptional Children, der International Federation of Adapted Physical Activity und dem National Consortium for Physical Education and Recreation for Individuals with Disabilities. In ihrer Freizeit findet man sie beim Wandern, Schwimmen oder an einer Zip-Line (eine Art Seilrutsche).